HISTOIRE
GENEALOGIQUE
DES FAMILLES,

DE LA CROIX	DE CHISSE',
DE CHEVRIERES,	DE SAYVE,
DE PORTIER,	ET DE ROUVROY.
D'ARZAC,	

Par M. *GVY* ALLARD, *Conseiller du Roy, President en l'Election de Grenoble.*

A GRENOBLE,
Chez LAURENS GILIBERT, Imprimeur
& Marchand Libraire, en Ruë neuve, proche
les RR. PP. Jesuites. 1678.

Avec Privilege du Roy.

A MONSEIGNEUR,

MONSEIGNEUR

LE

COMTE DE SAINT VALIER,

CONSEILLER DU ROY EN SES CONSEILS
d'Eſtat, & Capitaine des Gardes de la Porte
de Sa Majeſté.

ONSEIGNEVR,

QVAND on a autant de merite que vous en avez, on n'a
pas beſoin de la Vertu & de la Nobleſſe de ſes Anceſtres, pour ſe
faire un rang conſiderable dans le monde. Il n'en eſt point où l'on

ne puiſſe aſpirer, & ce merite ſçait ſe frayer un chemin aux plus
hautes Dignitez & aux Charges les plus relevées. Tous ceux qui
vous connoiſſent ſçavent bien que vous ne devez qu'à vous la
Place que vous avez dans la Maiſon du Roy, & cette Porte Sa-
crée qui Vous eſt confiée marque aſſez l'eſtime qu'on fait de Voſtre Perſonne, ſans chercher ailleurs des endroits pour la mieux
eſtablir. Toutefois quelque gloire qu'on tire de ſoy-même, l'Illuſtre Naiſſance eſt trop avantageuſe pour ne luy devoir pas quelque choſe; Et lors qu'on a des Ayeuls renommez, il eſt bien juſte
d'agréer qu'on les faſſe revivre dans un ſiecle où celuy qui leur
a ſuccedé a ſceu s'acquerir comme Eux une grande reputation.
Les Voſtres ont paru ſous les armes comme des Heros ; peut-on
mieux les imiter que vous avez fait. Et lors qu'on Vous a veu à
la teſte de Voſtre Regiment braver les ennemis de la Religion &
de l'Eſtat ; N'eſt-ce pas avoir glorieuſement ſuivy leur exemple ?
Tous ont preſque eſté dans de grandes Charges ; La Voſtre n'eſt-
elle pas des premieres de la Cour ? Enfin, MONSEIGNEVR,
ſi leur memoire n'a rien qui ne ſoit éclatant, Vous en laiſſerez une
qui ne ſera pas le moindre ornement de vos Neveux. I'ay écrit
dans le Livre que j'ay l'honneur de Vous preſenter ce qui peut
faire connoiſtre ces Fameux Anceſtres. On voit chez-Vous tout
ce qui fait les Grands Hommes. Ie n'ay donc plus qu'à me taire
& à vous aſſurer que quelque plaiſir que j'aye eu à compoſer ces
Genealogies, le plus grand que je m'y ſois propoſé, c'eſt de pouvoir apprendre au public que je ſuis,

MONSEIGNEVR,

Voſtre tres-humble & tres-
obeïſſant Serviteur.
ALLARD.

LA CROIX

DE

CHEVRIERES.

D'Azur à la teste & col de Cheval animé d'Or, au chef
cousu de Gueules, chargé de trois Croisetes d'Argent.

A

ALLIANCES.

ALLEMAN.	JAGOT.
ARZAC.	LAMBERT.
BAILLY.	LEUSSE.
BAUME-SUZE.	MONISTROL.
BAUME-CHASTEAU-	MONTAYNARD
DOUBLE.	MORARD-D'ARCES.
BOFFIN.	ODE-TRIOL.
BOREL.	PONTEVEZ.
CHISSE'.	PORTIER.
CHOMARD.	PRUNIER.
CHYPRES.	RABOT.
CLERMONT.	ROUVROY.
COSTAING.	SAYVE.
COPIER.	SERVIENT.
DORGEOISE.	SIMIANE.
GIROUD.	VILLEINES.

ARBRE GENEALOGIQVE.

PREMIERE BRANCHE,

QVI EST CELLE

DE CHEVRIERES.

Pierre 1335. 1369.
Beatrix de Chypres.

Iean 1396. 1406. 1438.
Loüise Lambert.

Pierre II. 1452.	Hugues
Caterine Chomard.	Ecclef.

Iean II. 1498.
Drevonne Moniftrol.

Pierre.	Felix 1541.	Gerard,	Attaud,	Madelaine.
	Guigonne Portier.	Ecclef.	Ecclef.	

Claude,	Iean III. 1578.	Felix.	André.	Guigonne.
Seigneur de	Barbe d'Arzac,			Gabriel-Ode de Trion
Mourviliers.	& dépuis Evêque			Hugues de Dorgeoife.
	de Grenoble.			

Felix II. 1608.	Caterine.	Alphonce,	Guigonne.	Iean,	Marguerite.
Claudine de Chiffé.	Pierre de	Evêque de		a fait	Laurent de
	la Baume.	Grenoble.		brache.	Rabot.

Iean IV.	François-Octavian.	Ioachim.	Ieanne.	Caterine.	Anne.
Marie de			Felicien	Anne de	
Sayve.			Boffin.	la Baume	Françoise.
				de Suze.	Marie.

Pierre-Felix III.	Iacques-Benoit.	Barbe-Marie.	Madelaine.	Anne.	Angelique.
Ieanne de	François.	Gabriel de	Itabeau-	Gabriel	Loüis-Ro-
Rouvroy.	Iean.	Pontevez.	Terefe.	de Pru-	ftaing de
				nier.	Clermont.

Iean-Baptifte.   Et un autre non nommé.

DEUXIE'ME BRANCHE,

QUI EST CELLE

DE PISANCON.

Jean.
Anne Bailly.

Gabriel.	François.	Iean.	Anne.	Marguerite.	Honorade.
Madelaine de Sayve.			Abel de Simiane.		

Iean-Bernard.	Ioachim.	Pierre.	Charles.	Anne. Iean Borel.	Therese.	Marie.	Anne.

HISTOIRE

ET

PREUVES.

LE s honneurs de l'Eglise, ceux de la Magistrature, les recompenses de la valeur par les Charges militaires, la grandeur des emplois, la faveur des Princes, une grande reputation, un excellent merite, toutes les vertus des Hommes Illustres, ont paru en foule dans cette Famille, laquelle ayant pris sa source & sa premiere origine dans l'épée, a eu dans tous ses degrez plusieurs emplois considerables dans l'épée, dans la robe & dans l'Eglise.

Son premier nom a esté de Guerre; qui ne luy sert aujourd'huy que de cry de Guerre. Un fief de même nom a toûjours esté dans cette Maison, & est aujourd'huy dans la branche de Pisançon. Il y a deux cens ans qu'elle l'a quitté pour prendre celuy de la Croix, dont elle fut chargée par la derniere volonté d'un Gentilhomme de ce nom, qui par l'affection qu'il eut pour Jean de Guerre II. du nom, luy donna les biens qu'il avoit dans cette Province, & particulierement dans le lieu de Pisançon.

   I. Degré.   PIERRE DE GUERRE,
                I. du Nom.

Estoit du lieu de Vorépe. Un denombrement intitulé *Liber Nobilium descriptorum tempore R. D. Henrici de Villars Vivariens. Episcopi, ac Vicarij Generalis Delphinatus*, qui se trouve dans la Chambre des Comptes de cette Province, met dans ce même lieu de Vorepe ces cinq Gentilshommes, Raymond Bertrand Chevalier, Guigonnet de la Bri-

ve Demoiſeau, PIERRE DE GUERRE, Bertrand Ran-
dan, & Pierre Maurin. C'eſtoit l'an 1335. Il contracta

Chypres. mariage le 22. de May de l'année 1352. avec Beatrix de
Chypres, fille de Noble Guillaume de Chypres du lieu
de Chirenc, & il vivoit en 1369. Il eut pour enfans.

1. Jean qui ſuit.

2. Raymond, qui paſſa quelques reconnoiſſances en faveur du Roy Dauphin en qualité de Noble, pour des biens
qu'il avoit à Vorepe aux années 1384. & 1385. Elles ſont
dans la Chambre des Comptes de Dauphiné.

3. Soffrey eſt nommé frere des deux precedens aux mêmes reconnoiſſances, & en paſſa une le 17. d'Aouſt 1384.

II. *Degré.* JEAN DE GUERRE,
I. du Nom.

Reconnut en faveur du Roy Dauphin Charles VI. pluſieurs biens nobles qu'il avoit dans le même lieu de Vorepe par deux actes des 15. de Iuin, & 16. d'Aouſt 1384. à
la maniere des Nobles. Il eſt qualifié fils de Pierre dans
ſon contract de mariage du 13. d'Octobre 1396. avec Loüi-
Lambert ſe de Lambert, fille de Noble Loüis de Lambert & de Fran-
Villeines çoiſe de Villeines. Il y a parmy les titres de cette Maiſon
une vente de quelques fonds faite le 2. de Iuillet 1406. par
ce Iean de Guerre, qualifié Noble du lieu de Vorepe, &
des albergemens des 22. de Ianvier 1426. & 24. d'Avril
1438. où la qualité de Noble luy eſt donnée. Il fut pere de

1. Pierre qui ſuit.

2. Hugues Chanoine de S. Chef l'an 1450. où il faut de
grandes preuves de Nobleſſe.

III. *Degré.* PIERRE DE GUERRE,
II. du Nom.

Cho- Qui s'eſtablit dans le Valentinois, où il fut appellé par
mard. l'alliance qu'il y contracta avec Caterine de Chomard, fille
Copier. de Noble Hugues de Chomard, & de Caterine de Copier, par
contract de mariage du 6. d'Octobre 1452. où il eſt qualifié fils de Iean du lieu de Vorepe, & frere de Hugues Chanoine de S. Chef. Il revenoit d'Italie, où il avoit eſté parmy les troupes que le Roy Charles VII. avoit données à

René Roy de Sicile Comte de Provence, où il s'eſtoit ſignalé, & paſſant auprés de la Ville de Romans, il s'y maria.
Il fut connu du Dauphin Loüis pendant ſon ſejour dans
cette Province, & ne luy fut pas inutile dans ſes deſſeins,
& particulierement dans la même Ville, où par ſon cre-
dit il fit toucher à ce Prince une ſomme conſiderable que
cette Ville luy donna. Il le ſuivit en Flandres, revint en
Dauphiné, où il empêcha que Jean Copier ſon couſin ne
fût pourſuivy par les Commiſſaires du Dauphin, alors de-
venu Roy, & qui ſe vangeoit de ceux qui l'avoient aban-
donné pour ſuivre ſon pere, lors qu'il eſtoit en cette Province. Il ſe jetta parmy les troupes que le Comte de Co-
minges Gouverneur de Dauphiné commandoit contre le
Duc de Savoye, l'an 1475. Il eut une Compagnie de gens
de pied, qu'il mena dans la Savoye, lorſque Loüis Baſtard
de Bourbon, Comte de Roſſillon, Admiral de France, eut
Ordre du Roy de ſe ſaiſir de cét Eſtat. L'année d'après il
y eut quelques remuëmens dans la Ville de Romans touchant les pretentions du Pape ſur le Comté de Valentinois.
Pierre de Guerre ſoûtint l'intereſt du Roy à main armée,
& ce fut avec beaucoup de gloire. Le tout eſt juſtifié par
les memoires de la Maiſon. Il teſta le 6. d'Aouſt l'an 1480.
& inſtituë heritier ſon fils qui ſuit, nommé

     J E A N D E G U E R R E, *II. du Nom,*
IV. Degré.   *dit de la* CROIX, *Seigneur de Guerre &*
     de la Ruiniere, Capitaine de Cavalerie.

Il fut ſurnommé de la Croix au moyen de la donation
qui luy fut faite ſous cette condition par un Gentilhomme
de ce nom, dans ſon teſtament du 3. de Mars 1486. Il ſuivit comme ſon pere la profeſſion des Armes & ſervit les
Roys Loüis XII. & François I. dans leurs Armées, s'eſtant
trouvé en la bataille de Ravenne l'an 1512. & à la journée
de Marignan l'an 1515. remportée ſur les Suiſſes par François I. & qui fut ſuivie de la côqueſte de la Duché de Milan.
Il continua de ſervir ce Monarque en qualité de Capitaine d'Infanterie, & fut pris à la bataille de Pavie l'an 1525
auſſi bien que le Roy ſon maiſtre, après y avoir donné des

grandes preuves de son courage. Enfin il mourut Capitaine de Cavalerie sous les ordres du Comte de S. Paul en Italie l'an 1529. ayant testé le 15. de Fevrier 1527.

Moni-strol.

Sa femme fut Drevonne de Monistrol d'une ancienne famille de S. Donnat qui s'esteignit en sa personne. Il l'épousa le penultiéme de Septembre 1482. Elle fit son testament le 5. d'Avril 1535. Elle estoit fille de Noble Ponson de Monistrol qui testa le 8. d'Aoust 1498. & de Jeanne de

Leusse.

Leusse sa femme d'une tres-ancienne famille de S. Marcellin. Il eut.

1. Pierre de la Croix qui alla s'establir prés de Chartres au pays de Beausse, où il mena Françoise d'Arzac sa femme aprés avoir donné plusieurs marques de son courage dans les démeslez de la France contre l'Empereur, où il commanda des Compagnies de gens de pied & de cheval, & particulierement lors de la journée de Renty en 1554. Il se trouva encor en plusieurs occasions pendant les guerres civiles de la Ligue, & combattit avec beaucoup d'honneur lors des batailles de Dreux 1562. de S. Denis 1567. de Jarnac 1569. & fut tué cette même année en celle de Montcontour. Il eut un fils nommé Claude Seigneur de Morvilliers & de Grandville, qui transigea le 15. de Juillet 1584. avec Jean de la Croix de Chevrieres son cousin germain, sur la succession de Jean leur ayeul qualifié Escuyer, & de Drevonne de Monistrol leur ayeule, & sur la demande de quelque argent que ce Claude de la Croix avoit presté à Felix de la Croix de Chevrieres aussi son cousin germain, pendant qu'ils estoient à l'armée, & sous les Ordres du Duc de Guise. Sa posterité est finie aujourd'uy. Quelques actes m'ont appris qu'il suivit le party de la guerre, & y eut de beaux emplois.

2. Felix a continué en Dauphiné.

3. Gerard Chanoine Sacristain de S. Bernard de Romans, Chanoine de S. André de Grenoble, & Prieur de saint Romain, testa le 30. d'Aoust 1551.

4. Artaud Chanoine de la même Eglise de Romans.

5. Madelaine.

FELIX DE GUERRE,

surnommé de LA CROIX, *Chevalier,*
Seigneur de Chevrieres , de Brie, de Guerre
& de la Ruiniere, Conseiller du Roy au Par-
lement de Grenoble , puis Advocat General
au même Parlement, seul Maistre des Re-
questes du Dauphin, Intendant de la Iusti-
ce, Police & Finances en Dauphiné , Con-
seiller d'Estat.

V. Degré.

Il épousa le 19. de Juin 1541. Guigonne de Portier, fille *Portier.*
unique de Noble Jacques de Portier Seigneur de Brie, & de
Caterine Morard d'Arces. Cette Caterine avoit esté ma- *Morard*
riée en premieres nopces à Noble Jean de Servient Sei- *d'Arces.*
gneur de Biviers. Il fut pourveu d'une charge de Conseiller *Servient*
au Parlement de Grenoble par Lettres du dernier d'Avril
1543. & y fut reçu le 28. de May suivant. Dans cette qualité le Roy François premier le nomma l'un des Commis-
faires qui devoient assister au Jugement du procez de Guillaume du Poyet Chancellier de France , par Lettres qui
furent enregistrées au même Parlement le 8. de Fevrier
1544. Peu de temps après il fut choisi avec plusieurs Pre-
sidents, Maistres des Requestes & autres Officiers des
Cours Souveraines pour composer une Chambre de Justice
pour la punition de quelques criminels d'Estat, parmy les-
quels furent le Maréchal de Biez de la Maison de Roüan,
& Vervin son gendre. Le genie de Felix estant extrémement propre pour parler en public, il quitta sa charge de
Conseiller & prit celle d'Advocat General au même Parlement , dont il fut pourveu le 3. de Janvier 1549. & où il
fut reçu le 18. de Decembre 1551. Estant appellé à d'autres employs par sa Majesté , il se défit encore de ce dernier Office , & fut fait seul Maistre des Requestes Ordinaire de Monseigneur le Dauphin, & Intendant de la Justice, Police & Finances de la Province de Dauphiné, par
Lettres Patentes du 10. d'Aoust 1555. & Conseiller d'E-
stat par autres Lettres Patentes du 14. de Juin 1557. lesd.

lettres conceuës avec beaucoup d'éloges en sa faveur. Il fut
Seigneur de Brie par le moyen de sa femme Guigonne
de Portier, & Seigneur de Chevrieres par la vente que luy
fit de cette terre Diane de Poitiers Comtesse de S. Vallier,
au mois d'Avril de l'année 1560. Il mourut en 1583. & est
enterré dans le tombeau de ses predecesseurs. Il avoit fait
son testament le 13. de Fevrier 1569. Voicy ses enfans.

1. Felix de la Croix fut connu sous le nom de Capitaine
Chevrieres : & ayant donné des marques signalées de son
courage en plusieurs occasions, & particulierement à la
défaite de Montbrun dans le Diois, il fut fait Capitaine
d'une Compagnie de 300. hommes de pied François par
commission du 5. d'Aoust l'an 1575. Il fût employé dans
les occasions les plus importantes, & parut avec sa Compagnie presque dans tous les sieges qui furent faits contre
les Huguenots, & particulierement à ceux de Monteleger,
où il fut fait Colonel, & commanda six Compagnies outre
la sienne dans un poste qui luy fut confié ; de Morestel qu'il
emporta, & où il reçut 7. coups de mousquets l'an 1576.
de la Jonchere, de Hostung & de plusieurs autres places
où il se distingua d'une maniere à meriter le don d'une
somme considerable que le Roy luy fit par Brevet du 27.
de Iuillet de la même année. Enfin il fut tué au siege d'Is-
soire en Auvergne l'an 1577. sans avoir esté marié. Il fit de
grandes dépenses pour soustenir les frais de la guerre qu'il
fit toute sa vie, ce qui l'obligea d'emprunter quelque argent de Claude de la Croix Seigneur de Morvilliers & de
Grandville son cousin germain, le remboursement duquel
donna lieu à une partie de la transaction de 1584.

2. Iean qui suit.

3. André sieur de Satuzange.

4. Guigonne fut mariée en premieres nopces, & par contract du 6. d'Avril 1580. avec Noble Gabriel Ode Seigneur
de Triors, auquel elle procrea Caterine Ode de Triors,
femme de Noble Iean Bailly Conseiller au Parlement de
Grenoble, dont elle n'eut point d'enfans ; puis de Noble

Ode.

Gabriel de Morges Seigneur de Pouliane, duquel elle a *Morges.*
eu Marie de Morges mariée à Noble Charles de Taboret
Seigneur de Chafaut, Prefident aux Enqueftes du Parlement d'Aix.

Guigonne de la Croix époufa en secondes nopces Noble
Hugues de Dorgeoife Seigneur de la Tivoliere, gouverneur *Dorgeoi-*
pour le Roy de la Ville & du Chafteau de Montellimart. *fe.*

> JEAN de la CROIX, *III. du Nom,*
> *Chevalier Seigneur de Chevrieres, de Brie, Chante-*
> *merle, les Cottanes, Faramans, Lieu-Dieu, Orna-*
> *cieux & Pifançon, Baron de Serve & de Clerieu,*
> *Comte de Saint Vallier & Val, Confeiller au Parle-*
> *ment de Grenoble, Advocat General, puis Prefident*
> *à Mortier au même Parlement, Maiftre des Reque-*
> VI. Degré. *ftes, Intendant aux armées du Roy, Confeiller d'E-*
> *tat, Intendant de la Iuftice, Police & Finances en*
> *Dauphiné, Garde des Seaux de Savoye, eftably*
> *par le Roy, Commiffaire pour l'execution de la paix*
> *entre la France & la Savoye, Ambaffadeur extra-*
> *ordinaire en Piedmont, & finalement Evéque & Prin-*
> *ce de Grenoble, Prefident perpetuel des Eftats de*
> *Dauphiné.*

Quand on ne liroit que le titre de cette fection, on ap-
prendroit le haut rang où le fçavoir, le merite & la qualité ont porté Jean de la Croix qui en fait la matiere. Mais
pour venir aux preuves de ce que je viens d'écrire & à
l'éloge que merite un fi grand Homme ; je diray en premier lieu qu'il fut pourveu d'un Office de Confeiller au
Parlement de Grenoble par lettres du 25. de Iuin 1578.
qu'il exerça plufieurs années ; mais les talens particuliers
qu'il avoit à parler en public, la belle maniere avec laquelle il s'expliquoit, & fon fçavoir éminent luy donnerent
une femblable envie que fon Pere avoit eüe, & s'eftant
défait de fa charge de Confeiller, il fut inftallé en celle

d'Advocat General au même Parlement par lettres de provision du 29. d'Octobre 1585. & il y fut reçu le 20. de Decembre suivant. Trois années après sçavoir le 29. de Novembre 1588. il fut fait Maiſtres des Requeſtes, & Intendant des Finances dans l'armée que le Duc de Mayenne commandoit en Dauphiné, où ſon eſprit & ſon merite n'éclaterent pas moins que dans la diſtribution de la Iuſtice. Ce qu'ayant eſté connu par ſa Majeſté, Elle le fit ſurIntendant de ſes Finances en Dauphiné par Lettres du 13. de Septembre 1595. auſquelles elle ajoûta le Brevet de Conſeiller d'Eſtat. La Savoye ayant eſté conquiſe par le Roy Henry le Grand, ſa Majeſté y eſtablit un Conſeil & un Parlement dont une partie des Officiers furent Dauphinois, parmy leſquels celuy-cy fut fait garde des Seaux au mois de Septembre 1600. La paix ayant eſté concluë entre la France & la Savoye, en 1601. la Croix rendit les Seaux au Chancellier de France & s'en fit décharger le 26. d'Octobre de la même année. Il eut un ſecond brevet de Conſeiller d'Eſtat le 18. de Decembre ſuivant, en cette qualité il fut commis pour traitter avec les députez du Duc de Savoye ſur l'execution de la paix, où il reüſſit admirablement bien & au gré de ſa Majeſté: Auſſi en receut-il pour recompenſe une charge de Preſident à mortier au Parlement de Grenoble, dont il fut pourveu le dernier de Decembre 1603. qui ne luy coûta que de treshumbles remercimens qu'il en fit au Roy revenant de ſa commiſſion pour l'execution de la paix, dont je viens de parler. Il ſe fit recevoir en cette charge le 26. de Ianvier 1604. en laquelle eſtant, le Parlement & les Eſtats de la Province le députerent avec Gaſpard Beatrix Robert Seigneur de Bouqueron, Iean-Loüis le Maiſtre Conſeillers, François du Faure Procureur General, & Claude Expilly Advocat General au même Parlement, pour pourſuivre auprès de ſa Majeſté la jonction des pays de Breſſe, de Bugey, & autres eſchangez par le traitté de paix, au

gouvernement, reſſort & Eſtats de Dauphiné, à quoy ils
ne pûrent reüſſir, ayant contr'eux l'authorité du Maréchal de Biron Gouverneur de Bourgogne qui en obtint
la jonction à ſon Gouvernement. La Croix fit ce qu'il
pût auprés du Roy de qui il eſtoit chery & fort conne,
mais il travailla en vain auſſi-bien que les autres ; neantmoins ſon voyage ne luy fut pas inutile, & ayant paru à ſa
Majeſté homme de negociation & fort habile, elle le dé-
puta à la Cour de Savoye en qualité d'Ambaſſadeur ex-
traordinaire, le chargea de pluſieurs commiſſions ſecrettes le 27. de May 1605. où l'on void que la Croix devoit
negocier une alliance plus eſtroitte entre la France & la
Savoye, le mariage du Prince de Savoye avec l'une des
filles du Roy, le projet de faire la guerre à l'Eſpagnol, &
la conqueſte de Milan qui devoit demeurer au Duc de
Savoye, qui cederoit en échange au Roy la Savoye & ſes
pretenrions ſur la Breſſe, le Bugey & le Verromex.

Le Preſident de Chevrieres acheva heureuſement tout
ce dequoy il eſtoit chargé ; & il revint enſuite à Paris en
rendre compte au Roy. Ceux qui n'ont pas veu les in-
ſtructions ſecrettes dont je viens de parler, ont creû que
la deputation de Jean ne fut que pour regler les limites
de la Savoye avec les terres échangées.

Il avoit épouſé le 7. de Septembre 1577. Barbe d'Arzac,
fille de Noble Ioachim d'Arzac de la Cardonniere & de ***Arzac.***
Claudine de Coſtaing de Puſignan, fille de Noble Hector
de Coſtaing, & d'Iſabelle Dodieu. Elle deceda en 1594. ***Coſtaing***
& Sa Mrjeſté ayant ſçeu que Jean eſtoit veuf l'engagea à
ſon retour de Savoye à changer ſon Mortier de Preſident
à une Mittre qu'elle luy offrit pour le recompenſer de ſes
peines & de ſes travaux. A des offres ſi conſiderables il
n'y avoit pas lieu d'heſiter : mais le grand changement
qu'il falloit faire, & la charge à laquelle les Prelats ſont
attachez meritoit bien quelques jours de reflexion. Auſſi
Jean de la Croix les demanda au Roy qui les luy accorda,

au bout defquels ayant accepté avec foûmiffion & des
termes de reconnoiffance & de refpect le bien-fait de fa
Majefté , il receut le Brevet de l'Evefché de Grenoble ,
obtint fes Bulles de Rome en datte du 4. de Juillet 1607.
& les Lettres Patentes de confirmation de fa Majefté le
2. d'Octobre de la même année qui furent enregiftrées au
Parlement de Dauphiné le 7. de Novembre fuivant. Il
refigna fa charge de Prefident, mais par Lettres du même
jour 2. d'Octobre il fut maintenu dans le rang de fa fean-
ce où il eftoit auparavant , non feulement pour le Parlement de Genoble , mais encore pour tous les autres Par-
lemens du Royaume : Ce qui fut verifié en celuy de Dauphiné au mois de Decembre fuivant, & en celuy de Paris
le 23. de Fevrier 1609. avec cette claufe (fans tirer à con-
fequence) pour faire voir que le feul merite de la perfonne eftoit confideré. Eftant allé à Paris en 1611. la Reyne
Regente luy accorda la coadjutorerie de fon Evêché en
faveur d'Alphonfe fon fils, & luy en donna le Brevet du
dernier d'Avril de cette année : Elle le choifit auffi pour
eftre de fon Confeil ordinaire , & luy en fit expedier le
Brevet le 25. de Juin de la même année. Et par un troifiéme Brevet du 17. de Septembre 1612. il fut fait Confeiller d'Eftat Ordinaire du Roy qui luy accorda une penfion de deux mille livres dont joüiffent les Confeillers
d'Eftat Ordinaires. Il affifta aux Eftats Generaux en 1615
& à l'affemblée des Notables tenuë à Roüen en 1618.
Si fon Eloquence fut grande dans le Palais, elle fut mer-
veilleufe dans les Predications qu'il fit à Paris & ailleurs
devant fa Majefté & devant les Cours fuperieures. Enfin
accablé d'âge, couvert d'honneur & de gloire, fatigué de
fes travaux , il mourut à Paris à l'affemblée generale du
Clergé de France au mois de May de l'année 1619. Son
cœur fut mis dans le milieu de la nef de l'Eglife des FF.
Prefcheurs Reformez de la ruë S. Honnoré , fous une la-
me d'airain gravée de fes armes. Son corps fut apporté

en Dauphiné & mis au tombeau de ſes predeceſſeurs.
Nonobſtant ſes grands emplois il ne ſe relâchoit point
de l'eſtude, & l'on em voit des marques dans Guy Pape,
où il y a un Commentaire ſous ſon nom. Il en fit auſſi un
ſur l'Edit des donations conforme à l'uſage de Dauphiné.
Ce fut luy qui acquit de la Maiſon de Poitiers les Comtez de ſaint Vallier & de Val, la Baronnie de Clerieu, &
la Terre de Piſançon, par contracts dès années 1584. &
1586. & les Terres d'Ornacieux, Faramans, & la Baronnie de Serve de celle de ſaint Chaumont. Il fut auſſi Preſident perpetuel des Eſtats de Dauphiné. Je feray ſon é-
loge parmy ceux des Hommes Illuſtres de cette Province, auſquels je travaille. Barbe d'Arzac ſa femme teſta
le 3. de Fevrier 1581. & luy, fit ſon teſtament le 21. de
Mars 1609. Ils eurent pour enfans.

1. Felix qui ſera mentioñé cy-aprés.
2. Caterine femme de Noble Pierre de la Baume, *la Baume*
Conſeiller d'Eſtat, & Doyen du Parlement de Grenoble.
3. Alphonſe de la Croix de Chevrieres, Chevallier
Seigneur d'Ornacieux, les Cottanes, Barbin, Faramans
& Lieu-Dieu. Fut premierement Evêque de Calcedoine
& Coadjuteur de ſon pere, puis Evêque & Prince de
Grenoble, Conſeiller d'Eſtat, Preſident perpetuel des E-
tats de Dauphiné, Abbé de S. Martin de Miſeré, Prieur
de Nôtre-Dame du Groſſe en Normandie, de Beau-lieu
dans la Ville d'Angouleſme, d'Aubigny en Nivernois, &
de ſaint Pierre de Juigny au Perche. Il mourut à ſaint
Marcellin en 1637. Pierre Scaron fut ſon ſucceſſeur en
ſon Evêché. Il eſt mort en 1668.
4. Guigonne de la Croix morte jeune.
5. Jean de la Croix de Chevrieres, Chevallier Seigneur de Piſançon, a fait branche.
6. Marguerite de la Croix mariée à Noble Laurent de
Rabot d'Aurilac, Seigneur de Veyſſillieu & de Buffieres, *Rabot.*
Conſeiller du Roy au Parlement de Grenoble, par contract du 24. d'Avril 1618.   C

FELIX *de la* **CROIX,** *II. du Nom,*
Chevallier Seigneur de Chevrieres & de
Chantemerle, Baron de Serve & de Cle-
rieu, Comte de Saint Vallier & de Val,

VII. Degré. *Conseiller au Parlement de Grenoble, Ad-*
vocat general au Grand Conseil, Conseiller
du Roy en ses Conseils, Maistre des Re-
questes Ordinaire de son Hostel.

Du vivant de Jean son pere il fut pourveu d'une charge de Conseiller au Parlement de Grenoble par lettres du
24. de Novembre 1608. & suivant les traces de ses predecesseurs attachez au Parquet des Gens du Roy, il quitta sa
charge de Conseiller & prit celle d'Advocat General au
Grand Conseil, où il fit paroistre son sçavoir & son éloquence. Il en fut pourveu le 17. de Janvier 1613. & il fut
receu dans le même mois. Il fut ensuite appellé au Conseil
Ordinaire du Roy, & fut fait Maistre des Requestes Ordinaire de l'Hostel de sa Majesté, par lettres du 19. de Juin
1619. & fut receu le 26. du même mois, & au Parlement
de Paris le 3. de Iuillet suivant. Enfin il vint mourir à Grenoble le 23. de Novembre 1627. Il avoit testé le premier
Chissé. d'Octobre 1624. Sa femme fut Claudine de Chissé, fille
de Michel de Chissé Chevalier Seigneur de la Marcousse,
Montay- & de Claudine de Montaynard qu'il avoit Epousé par
nard. contract du xj. de Iuillet 1610. Ces deux Familles sont
anciennes & considerables. La premiere est originaire
des Estats de Savoye. L'autre m'est connuë par des titres
depuis l'an 960. & elle conte parmy ses Alliances les
Comtes de Dye issus des Comtes de Provences, & des
Roys de France, & les Marquis de Montferrat. Il en a
eu les enfans qui sont deduits à la suite.

   1. Iean qui suit.

   2. Ieanne qui est une Heroïne de son temps, & qui a

---

toûjours fçeu mefler les affaires de fon falut avec celles du monde; fçavante politique. C'eft par fes foins qu'il y a dans la Ville de Grenoble une Propagation de la Foy. C'eft elle qui a toûjours eu un foin particulier de l'éducation & de la conduite des nouveaux convertis. Elle a connu les fecrets du Ciel & ceux du Parnaffe, & elle a parlé de Dieu avec autant de devotion & d'éloquence, qu'elle a eu de vivacité d'efprit à converfer avec les Mufes. Il y a long-temps qu'elle eft veuve de Noble Felicien Boffin Baron d'Huriage, Confeiller du Roy en fes Confeils *Boffin.* & Advocat General au Parlement de Grenoble, & quoy qu'elle ait refté veuve fort jeune, elle a plûtoft fongé à une retraitte de Religieufe qu'à un nouveau mariage.

3. Caterine de la Croix a époufé Annet de la Baume *LaBaume* de Suze Chevalier Comte de Rochefort en Languedoc, *de Suze.* Baron de Lupé & de S. Jullien en Forefts, & Meftre de Camp d'Infanterie. C'eft par la vigilance, par l'efprit & par la conduite de cette Caterine que les biens de la maifon de fon mary qui eftoient difperfez & alienez, y ont efté remis, & aujourd'huy cette Maifon eft une des plus illuftres & des plus riches de la Province.

4. Anne morte à Grenoble en 1619. & eft enterrée dans la Chapelle des Portiers dans l'Eglife de Noftre-Dame.

5. Joachim decedé à Dijon en 1619. revenant de Paris, & eft enterré dans l'Eglife des Minimes.

6. Barbe Religieufe de la Vifitation de fainte Marie de Grenoble.

7. François-Octavien, Baron de Clerieu, Enfeigne de la Meftre de Camp, du Regiment des Gardes du Roy; mort au fiege d'Arras en 1640. & eft enterré dans la Ville d'Amiens.

8. Marie Religieufe au Monaftere Royal de Mont-fleury auprés de Grenoble de l'Ordre de S. Dominique.

9. Françoife Religieufe au même Monaftere.

JEAN de la CROIX, IIII. du Nom,
Chevalier, Seigneur de Chevrieres, Chantemerle, Blanieu, Lieudieu, Beaumont, Monteux,
Crozes, Faramans & les Cottanes, Baron de Serve & de Clerieu, Comte de S. Vallier & de Val,
Marquis d'Ornacieux, Conseiller au Parlement
de Grenoble, Président à Mortier au Parlement
de Dijon, puis en celuy de Grenoble.

VIII. Degré.

Il est vivant en 1678. C'est un homme d'un esprit vif &
sublime, d'une conception prompte & d'un raisonnement
puissant & solide. Il fut pourveu d'un Office de Conseiller
au Parlement de Grenoble par lettres du 20. de Iuillet 1633
& il y fut reçu le 9. d'Aoust suivant. S'estant marié à Dijon
en 1642. il se défit de sa charge de Conseiller pour prendre celle de Président à Mortier au Parlement de Bourgogne, de laquelle il fut pourvû le 6. d'Octobre de la même
année, & y fut reçu le 15. de Iuin 1643. Sa Majesté recon-
noissant son merite, & estant instruite de celuy de ses ancestres & de leur reputation, le fit à cette consideration
Conseiller en ses Côseils d'Estat, le premier de Fevrier 1645
La même année & au mois d'Avril sa terre d'Ornacieux
fut erigée en Marquisat. Dans les Lettres, les services rendus par ses predecesseurs à la Couronne, y sont énoncez.
Elles furent verifiées au Parlement de Grenoble le 19. de
Iuin 1646. En 1648. la Reyne Mere le fit Conseiller en
son Conseil d'Estat. Enfin il fut pourveu de la charge de
Président à Mortier dans ce dernier Parlement par lettres
du 25. de Iuin 1650. Il a herité de grands biens de ses
Ancestres, qu'il a encor augmentez par ses soins, son esprit & sa bonne conduite. Il contracta mariage le 25. d'A-
vril 1642. avec Marie de Sayve, fille unique & heritiere
de Jacques de Sayve, Chevalier Seigneur d'Echigey &
de Chamblanc, & Conseigneur de Cossey en Bourgogne,
Conseiller du Roy en ses Conseils & Président à Mortier

Sayve.

au Parlement de Dijon, & de Barbe Giroud, fille de Be- *Giroud.*
noit Giroud Préſident à Mortier au même Parlement.

Il a eu pour enfans,

1. Pierre-Felix de la Croix de Chevrieres, Chevalier,
Comte de ſaint Vallier, ſera mentionné au degré ſuivant.

2. Barbe-Marie a contracté mariage le 29. de Iuillet
1664. avec Loüis de Pontevez, Chevalier, Marquis de *Ponte-*
Buoux, Baron de S. Martin. *vez.*

3. Jacques-Benoit de la Croix de Chevrieres, Comte de
Sayve, heritier de la Maiſon de Sayve, eſt mort en Eſpagne en 1667.

4. Madelaine Religieuſe de la Viſitation.

5. Anne femme de Gabriel de Prunier, Chevalier, Ba- *Prunier.*
ron de S. André en Bochaine, Seigneur de la Buiſſiere, Belle-
Combe & Montalieu, Conſeiller du Roy en ſes Conſeils,
& Preſident à Mortier au Parlement de Dauphiné.

6. François de la Croix de Chevrieres, Comte de Sayve,
heritier de la Maiſon de Sayve, aprés la mort de Iacques-
Benoit ſon frere.

7. Jean Abbé de Chevrieres, Docteur de Sorbonne,
Prieur de ſaint Vallier & d'Oyeus, deputé du Clergé de
France, dans l'aſſemblée Generale de 1675. Conſeiller
du Roy, Aumônier Ordinaire ſervant de ſa Majeſté.

8. Iſabeau Religieuſe à Montfleury.

9. Angelique, Epouſe de Loüis-Roſtaing de Clermont,
Chevalier Comte de Montoyſon, de l'ancienne & Illu- *Clermōt*
ſtre Famille de Clermont-Tonnerre.

10. Thereſe morte jeune.

PIERRE-FELIX *de la* CROIX *de* CHEVRIE-
RES, *Chevalier, Comte de S. Vallier, Colonel d'un*
IX. *Degré. petit vieux Corps d'Infanterie ſous ſon Nom, Con-*
ſeiller du Roy en ſes Conſeils d'Eſtat, & Capitai-
ne des Gardes de la Porte de Sa Majeſté.

Eſt né à Grenoble le 10. de Juin 1644. Il a fait choix
fort jeune de la profeſſion des armes. Sa premiere campa-

C iij

gne a efté en Afrique dans l'armée Navale & à la prife de Gigeri en 1664. fous le Duc de Beaufort. Il a êté Colonel d'un Regiment d'Infanterie petit vieux Corps, qui portoit le nom de S. Vallier, par commiffion du vingtiéme de Decembre 1666. à la tefte duquel il a fervy dans les dernieres guerres de Flandres fous le Maréchal de Crequy, à la prife de Dolle en Franche Comté, où il fit avec fon Regiment le logement fur la contrefcarpe en prefence de fa Majefté qui luy fit l'honneur de luy témoigner qu'elle en eftoit tres-fatisfaite; & enfin au fiege de Candie où il a commandé à la défenfe d'une attaque fous le Maréchal Duc de Navailles. Aujourd'huy il eft Capitaine des Gardes de la Porte de fa Majefté par des provifions du premier d'Avril 1670. C'eft une des grandes charges de la Maifon du Roy, dont on prefte le ferment entre les mains de fa Majefté, laquelle l'en a pourvû avec des marques de bienveillance toutes particulieres, & il a eu l'honneur de la fuivre dans toutes les dernieres campagnes de Hollande,

Rouvroy de Flandres & de Franche Comté. Il a époufé par contract du 11. de May 1675. Jeanne de Rouvroy, fille de Pierre de Rouvroy, Chevalier, Seigneur du Puy & de Froffi, Maré-

Gontery. chal de Camp és armées du Roy, Capitaine au Regiment des Gardes, & de Marie-Vrfule de Gontery, de laquelle il a deux fils, l'un nommé Jean-Baptifte qui fuit, & l'autre n'eft point encore nommé.

> JEAN de la CROIX de CHEVRIERES V.
> X. Degré.　　du Nom, Chevalier, Marquis de S. Vallier.
> Né à Paris le 21. d'Avril 1676.

LA CROIX DE CHEVRIERES

DE PISANÇON.　II. BRANCHE.

> JEAN de la CROIX de CHEVRIERES,
> VII. Degré.　IV. du Nom, Chevalier Seigneur de Pifançon,
> Meftre de Camp d'Infanterie.

Fils puifné de Iean de la *Croix* de *Chevrieres* III.' du nom, & de Barbe d'Arzac de la *Cardonniere*, prit le party des armes où il fe fit cherir & eftimer de tout le monde. Il fut nommé par fa Majefté pour commander une Compaguie de cent hommes de pied François, dans le Regiment de Sault par commiffion du 13. de Novembre 1621. S'eftant acquis de la reputation il fut fait Gouverneur de la Ville & du *Chafteau* de Serre en cette Province. Ayant efté fait prifonnier dans les guerres d'Italie, il fut conduit à Milan, où il fut fi mal-traitté des ennemis, que le bruit de fa mort courut en France : Mais eftant de retour la feuë Reine, l'une des meilleures Princeffes de fon fiecle, & qui fçavoit recompenfer ceux qui fervoient l'Eftat, pour reparer les pertes que celuy-cy avoit faites, luy donna par un Brevet la premiere charge qui viendroit à vacquer parmy fes Efcuyers. Il fut fait enfuite Meftre de Camp d'un Regiment de gens de pied, par commiffion du vingtiéme de Septembre 1626. & comme il fe juftifie par divers certificats des années 1627. & 1628. Lors de la guerre de Privas de ceux de la Religion, il fut donné pour ôtage quand les deux partis voulurent faire la paix. Il eft mort dans le fervice, eftimé des Generaux, & fi confideré, que lors de fa prifon il fut échangé avec l'un des Commandans de l'armée ennemie, & paffant par les Eftats du Duc de Savoye, il fut receu par ce Prince avec des témoignages d'une tres-grande affection. Il avoit épousé le 13. de Ianvier 1610. Anne Bailly, fille unique de Noble Iean Bailly *Confeiller* au Parlement de Grenoble, & d'Olimpe Alleman d'Allieres. Iean eftoit fils de Noble George Bailly, *Confeiller* au même Parlement, & d'Ifabelle de Murinais, & George eftoit fils de Noble Michel Bailly, & de Françoife Bacquelier. Iean de la *Croix* eft mort en 1632. & a laiffé pour enfans.

Bailly.
Alleman

1. François fut Enfeigne, puis Lieutenant de la Meftre de Camp au Regiment de Piemont, d'une bravoure à le diftinguer. Il fut fait prifonnier au fiege d'Arras, après a-

voir combattu avec une valeur furprenante. Il eftoit intrepide au feu & au fer. Il mourut jeune comblé d'honneur, & regretté de tout le monde.

2. Iean mourut au fiege d'Orbitelle percé de trois coups de pique, portant l'Enfeigne de la Meftre de Camp du Regiment de Vernatel.

3. Gabriel a continué.

4. Iofeph de la Croix decedé à Paris l'an 1647. eftant Page de Louys de Bourbon Prince de Condé.

5. Antoine Ecclefiaftique eft decedé.

6. Marguerite Religieufe au Convent des filles de Nôtre-Dame à Tournon.

7. Honnorade Religieufe de la Vifitation de Sainte Marie de Grenoble.

Simiane.　　8. Anne mariée à Meffire Abel de Simiane, Chevalier, Confeiller du Roy en tous fes Confeils, Prefident en la Chambre des Comptes de Dauphiné.

GABRIEL *de la* CROIX *de* CHEVRIERES,
Chevalier Seigneur de Pifançon, de Chamagnieu, de Satufange, de Guerre, de la Ruiniere, de Combovin & Bourg du Peage de Pifançon, Confeiller, puis Prefident à Mortier au Parlement de Grenoble.

VIII. Degré.

Fut pourveu de fa charge de Confeiller en 1650. & de celle de Prefident à Mortier en 1670. & dans l'une & dans l'autre il a donné des marques de fon integrité, de fon efprit & de fon jugement. Il a époufé par contract du 10. de Iuillet 1652. Madelaine de Sayve, fille de Claude de Sayve, Chevalier Seigneur de Chevagnais, & Comte de la Motte & de Thil, Confeiller au Grand Confeil, puis premier Prefident en la Chambre des Comptes de Dijon, & d'Elizabet de Iacot, fille de Benigne de Iacot, Seigneur de Nevilly, & premier Prefident en la même

Sayve.

Iacot.

Chambre des Comptes. Il a pour enfans.

1. Jean-Bernard.
2. Joachim.
3. Pierre.
4. Charles.
5. Anne Epouse de Noble .... Borel Seigneur de Haute-Rive.
6. Therese.
7. Marie.
8. Anne.

PORTIER.

De Gueules à deux Tours d'Argent maſſonnées, crenellées de Sable, jointes par un entremur de même, avec une porte.

ALLIANCES.

ACTUYER	*Le* MAISTRE
AQUIN	MISTRAL
ARMUET	MORARD
La BALME	MORGES
BLANC	*Du* MOTET
CASSARD	PILLA
La COLOMBIERE	SAINT-MARCEL
La CROIX-CHEVRIERES	SAUNIER
LAMBERT	SAURET

D

ARBRE GENEALOGIQVE

Iean I. 1390.

Louys I. 1426.
Antoinette Blanc.
Pernette Saunier.

Pernette.	François,	Antoinette.	Iean II. 1461.
Iean Pilla.	Président au	Antoine le	Bonne du
Petrement	Parlement.	Maistre.	Mocet.
Aquin.			

	Guigues,	Antoine.	Madelaine.
	Marguerite		André de Morges.
	Actuyer.		

Iean,	Antoine.	Louys II.	Iacques.	Susanne.	Ieanne.	Louyse,
Eccles.		Françoise de	Caterine	George de	Ioachim	Relig.
		la Colombiere.	Morard.	S. Marcel.	Cassard.	

| Olivier. | Bertrand. | Guigonne. | Caterine. |
| | | Felix de la Croix. | |

HISTOIRE

ET

PREVVES.

MON dessein n'est pas d'aller fouiller dans le Foucigny dont cette famille tire son origine; les six degrez qu'elle me fournit en Dauphiné se trouvent remplis par tant de testes considerables que j'y trouve un ample sujet d'en faire une des plus curieuses genealogies qui paroissent dans mon ouvrage. Ce n'est pas que ceux qui ont vescu sous le nom de Portier dans la Baronnie de Foucigny & qui ont esté les Ancestres de ceux de Dauphiné n'ayent tenu un rang avantageux parmy les Nobles de cette Baronnie, comme il se justifie par les titres de la Chambre des Comptes de Grenoble, où l'on void des homages Nobles rendus à Humbert Dauphin de Viennois l'an 1341. & aux années suivantes par Girard Portier Escuyer, & par son fils Antoine aussi Escyer: (la Baronnie de Foucigny dépendant alors de la Province de Dauphiné) mais n'ayant pas veu des titres qui justifient d'une descendance asseurée, & d'ailleurs comme j'ay dit les Portiers de Dauphiné par les employs illustres dont ils ont esté honorez, par les divers incidens de leur vie, & par leurs alliances ayant paru avec éclat; il n'est pas necessaire que j'en aille chercher ailleurs ny dans une Province estrangere pour les faire connoistre. Je diray

D ij

neantmoins en paſſant que les memoires de la Maiſon
m'aprennent qu'Antoine Portier compris aux homages
que j'ay alleguez fuſt ayeul de Jean auquel je commence
cette Genealogie, & j'ay ſçeu que dans la Savoye, dans le
Genevois, & au Foucigny, il y a beaucoup de Gentilshommes qui portent méme nom & mémes armes.

I. *Degré*   JEAN PORTIER,
                                        premier du Nom.

J'ay veu par une ancienne Genealogie de cette Maiſon
que celuy-cy ayant quitté le Foucigny paſſa dans la Ville
de Vienne en Dauphiné & ſi habitua. Vne maiſon, une
vigne & un cellier qui eſtoient à luy portoient le nom de
la Chaiſne. Il y avoit pluſieurs rentes & autres biens que
ſes Succeſſeurs ont poſſedés long-temps aprés; & en effet
ces biens leur ont ſervy de matiere à quelques contracts
que j'ay veus, paſſés avec les Religieux de l'Abbaye de S.
André de la méme Ville & avec divers habitans. Il eut
pour fils.

                                   LOUYS PORTIER,
II. *Degré*   *Conſeiller au Conſeil Delphinal,*
                      puis Preſident en la Chambre
                      des Comptes de Dauphiné.

Celuy-cy, s'eſtant rendu recommandable par ſon ſçavoir, fut commis par le Roy Charles VII. avec le Gouverneur de Dauphiné, Iean Girard Maiſtre des Requeſtes
de l'Hoſtel de ſa Majeſté, Guillaume de Meüillon Sene-
chal de Beaucaire, Pierre de Tholon Preſident au Conſeil Delphinal, Iean de la Barre Threſorier, Iean de Mar-
ſueil Auditeur des Comptes de Dauphiné, & Iean du Puy
Prevoſt de l'Egliſe de Saint André de Grenobles, & Conſeiller au méme Conſeil, par lettres du 24. Iuillet 1426.
pour l'execution de la tranſaction paſſée le 4. de ce mois

entre ſa Majeſté & Louïs Portier Seigneur de Saint Vallier, touchant les Comtez du Valentinois & du Diois, que le Roy pretendoit luy appartenir par le tranſport qui luy en avoit eſté fait par le dernier compte & que ce Seigneur de Saint Vallier diſoit luy eſtre écheuës au moyen des ſubſtitutions appoſées aux teſtamens de ſes predeceſſeurs. Sa Majeſté avoit eſté mantenuë dans ces Comtez par cette tranſaction où ſe trouverent preſens la Reyne de Sicile, les Comtes de Foïx & de Vandôme, le Chancelier de France, l'Evêque de Tholoſe, le Seigneur de Sully, les ſieurs de Treves, de Gaucourt, de Moüy, & de Sat, Iean Girard, & Loüis Portier, qui s'acquitta merveilleuſement bien de ſa commiſſion, dont ſa Majeſté en rendit témoignage par le don qu'elle luy fit des greffes de la Ville de Creſt & de ces Comtez par lettres patantes du 26 d'Octobre 1435. Où le Roy declare que c'eſt pour reconnoiſtre les ſoins & les peines qu'il avoit priſes dans les differens qu'il avoit eus avec le Seigneur de Saint Vallier touchant ces Comtez, dans les tranſactions & appointemens faits pour ce ſujet, & pour maintenir le Roy dans la poſſeſſion où il eſtoit aprés la mort du dernier Comte. Dans ces lettres Loüis Portier eſt qualifié Preſident en la Chambre des Comptes. Cette qualité luy eſt encore donnée par divers contracts des années 1435. 1437. 1440. & 1441. paſſez dans la Ville de Vienne & ailleurs. Les memoires de la Maiſon portent qu'il fuſt Iuge en chef de Graiſivodan, & qu'il avoit eſté Auditeur des Comptes avant que d'en eſtre Preſident. Dans un acte d'aſſignation de doüaire fait en faveur de Pernette Portier ſa fille dont je parleray, il eſt qualifié Conſeiller Delphinal. Les mémes memoires diſent que le Roy Charles VII. l'envoya pour aſſiſter en ſon nom au Concile de Baſle où il ſouſtint fermement les intereſt de ſa Majeſté. Il eut pour femme en premieres nôpces Antoinette Blanc, fille de Noble Antoine Blanc de la Coſte ſaint André, & de Ieanne de la Balme ſa femme, & en ſecondes il

Blanc.
la Balme

D iij

Saunier. épousa Pernette Saunier, fille de Noble Rambaud Saunier
Lambert & de Caterine Lambert le 8 de Iuillet 1409. Cette Lambert
estant veuve eut pour second mary Noble Iean Vallin,
fils de Noble Hugues Vallin. Elle n'en eut point d'enfans
& elle testa le 7 de Iuin 1411. I'ay veu divers actes passez par
Iean Saunier, frere de cette Pernette où la qualité de Noble luy est donnée. Cette famille estoit originaire de l'Am-
brunois, elle est esteinte. Celle de Lambert estoit venuë
de Vif; & il n'en reste plus qu'un Ecclesiastique qui de-
meure dans Grenoble. En 1323. Guillaume Lambert ê-
toit Seigneur de la Bastie de Coindrieu, & en 1386.
Estienne Lambert estoit Chastelain Royal de S. Simpho-
rien d'Ozon. Louïs Portier eut des enfans de ses deux femmes, & il mourut le 24. de May 1442. comme il se justifie par le livre de raison de Jean son fils. Il avoit fait son
testament le 29 de Decembre 1433. dans lequel il est dit
originaire de Vienne & creé President en la Chambre
des Comptes. Ses enfans furent.

Du premier lict.

1. Pernette Portier eut pour premier mary Noble Jean
Pilla. Pilla, fils d'autre Jean Pilla & de Pernette Saunier deuxiéme femme de Louys Portier son pere. Et le second mary
Aquin. de Pernette Portier fust Noble Petreman Aquin Secretaire Delphinal. De son second mary Pernette Portier eut un
seul fils qui mourut sans posterité.

2. François Portier fust receu Docteur en l'Université
de Montpellier le 8 d'Octobre 1435. sous l'autorité de Robert Evêque de Magalonne; il est qualifié dans ses lettres,
Noble, Sçavant, Bachelier aux loix, Citoyen de Grenoble, *& de natione Dominorum burgundorum.* Le 15. d'Octobre
1443. il fust fait Conseiller au Conseil Delphinal par lettres qui luy furent accordées par le Dauphin Louïs : Le
même Dauphin qui fust ensuite Roy de France onziéme

du nom ; estant venu en Dauphiné pour se faire reconnoistre seul Maistre & Souverain de cette Province au pre-
judice du Roy Charles VII. son pere, eut besoin d'amis &
d'argent; Portier fust l'un de ceux qui luy presterent quelque somme & par lettres du 11. de Mars 1450. ce Prince
mande à Nicolas Erlant son Thresorier de Dauphiné de
payer comptant à ce François Portier qu'il nomme son
Conseiller la somme de mille Florins qu'il luy avoit presté
& baillé comptant dans ses affaires. Ces lettres signées par
Monseigneur le Dauphin Bochetel. Elles n'eurent point
d'effet comme je diray en un autre endroit. Portier fust
ensuite fait Président en la Chambre des Comptes, &
Procureur des trois Ordres de Dauphiné , & le Dauphin
ayant erigé le Conseil Delphinal en Parlement, il en fut
creé Président unique, par lettres du 29. de Juillet 1453. &
en cette qualité il est nommé dans un Arrest d'enterine-
ment & verification rendu par le même Parlement le 2. du
mois de Janvier 1455. de lettres patentes du Dauphin en
datte du 7 de Decembre 1454. portant ratification d'une se-
conde transaction faite avec ceux de la maison de Poitiers
& les procureurs du Dauphin le même jour 7. de Decembre sur les differens renouvellez touchant les Comtez de
Valentinois & de Diois. En ce temps-là le Roy Charles
VII. s'estant rendu à Vienne & à Saint Priest sur les fron-
tieres de Dauphiné auprés de Lyon , pour remedier aux
désordres que le Dauphin son fils avoit suscitez contre luy
dans cette Province , manda à Portier de le venir voir,
l'obligea de luy rendre homage pour toute la Province en
qualité de Procureur des trois Ordres, & le chargea de
faire la recepte generale des Finances de Dauphiné en
son nom. Portier ne peut resister aux Ordres du Roy ; même le Dauphin qui estoit en Flandre y avoit consenty par
ses Ambassadeurs , & ceux du Duc de Bourgogne qui é-
toit dans son party. Dequoy neantmoins le Dauphin fut
tellement indigné qu'à son retour il le destitua de sa chai-

ge de Prefident au Parlement & mit à fa place Iean Baile en
1455. Celuy-cy ne demeura gueres dans cette charge
comme j'ay dit dans la Genealogie des Bailes Pellafol, &
Afpremont, & le Dauphin eftant monté fur le trône. il
confifca les biens de François Portier les donna à Humbert de Baternay Baron du Bouchage fon Chambellan;
ordonna que le procez luy feroit fait comme à un criminel de leze Majefté, & l'accufa de rebellion & de Felon-
nie. Cependant par les contredits donnez par le Procureur
General contre luy, on n'y voit autre accufation que celle
d'avoir fait homage au Roy, d'avoir fait exiger les Finâces
au nom de fa Majefté, d'avoir voulu retirer les Dauphinois
de l'obeiffance deüe au feul Dauphin par le tranfport de
la province de Dauphiné au premier fils de France, d'a-
voir ingratement quitté le party du Dauphin qui l'avoit
elevé dans la charge de Prefident en la Chambre
des Comptes, puis de fon parlement, pour fuivre
celuy du Roy de France qui n'avoit nul droit fur le
Dauphiné & autres chofes de cette nature. Aprés cette
difgrace François Portier vefcut quelque temps en homme privé & ne s'attacha plus qu'à l'étude; mais il en fut
interrompu par le Baron du Bouchage, en faveur de qui
fes biens avoient efté confifquez; au nom duquel il fut
pouffé en jugement, fut fait prifonnier & mené au Fort de
Cornillon à une lieüe de Grenoble avec plufieurs Officiers & Gentilshommes de Dauphiné, que le Roy Louïs
avoit procripts par les mêmes principes qui faifoient le
pretendu crime de Portier. Celuy-cy mourut de regret,
au mois de Decembre de l'année 1462. Le Baron du
Bouchage fe trouvant puiffant, & ayant intereft à la con-
fifcation des biens de Portier obtint de fa Majefté que le
jugement du procez feroit continué, & fa faveur alla fi
avant que le Parlement de Grenoble avec quelques Com-
miffaires qui y furent adjoutez firent Arreft, comme je
feray voir en parlant de Iean Portier frere de ce François,
qui ne

qui ne fut point marié, au contraire il fut Eccleſiaſtique, Official de l'Evêché de Grenoble avant que d'entrer dans les charges, Prieur des Montagnes & de Saint André & Recteur des Chapelles de ſa Maiſon.

3. Antoinette Portier fut femme de Noble Antoine le Maiſtre de la Coſte Saint André.

le Mai-ſtre.

Du deuxiéme Lict

4. Jean Portier fut le fils unique que Louïs Portier eut de Pernette Saunier ſa deuxiéme femme, & il fera la ma-tiere de la ſection ſuivante.

III. Degré

JEAN PORTIER *II. du Nom, Preſident en la Chambre des Comptes de Dauphiné.*

Il reſta fort jeune ſous l'authorité de François ſon frere qui s'empara de ſes biens qui eſtoient fort grands & ſpe-cieux, ayant herité de ſa mere Pernette Saunier qui avoit eſté heritiere de Caterine Lambert ſon ayeulle. Il donna ſes premieres années à la guerre & il ſervit le Dauphin en pluſieurs rencontres aux armées de Piemont, de Vien-ne & autres; comme il ſe juſtifie d'un certificat donné le 1 3. de Novembre 145 3. par Hugues de Bonnazel Capi-taine de 100. lances ſous le Prince Dauphin, où l'on void que *Iean Portier avoit ſervy le Dauphin en habillement d'hom-me d'armes, faiſant une Lance tant en l'armée de Vienne ſous le Maréchal de Dauphiné, que ſous d'autres dans l'armée de Pie-mont,* & par Arreſt rendu par le Dauphin en ſon Grand Conſeil le 24. de Mars 1454. en faveur de la Nobleſſe de ce Jean, il eſt dit qu'il avoit bien ſervy ce Prince dans ſes Armées. Par Arreſt rendu au Parlement de Grenoble le dernier d'Avril 1461. en faveur de la Nobleſſe du même

E

Jean qualifié Prefident en la Chambre des Comptes, de Pierre Rolland, de Michel Caffard, des Docteurs Avocats & Secretaires au même Parlement, il eft encore fait mention des fervices precedemment rendus par Jean dans les Armées du Dauphin. Guy Pape Jurifconfulte Dauphinois dans la 389. de fes decifions dit en faveur du même Jean, & en raportant cét Arreft que *tenebat à Domino noftro Delphino multa feuda Nobilia, vivebat nobiliter, fe armando in guerris dum per Principem cum aliis hujus Patriæ mandabatur & more Nobilium patriæ.* Cét Autheur le nomme encore Prefident aux Comptes. Je penfe que peu d'années aprés il perdit cette charge, car fon frere eftant mort à la fin de l'année 1462. & fes biens ayant efté confifquez, celuy-cy fut accufé d'avoir enlevé une partie des meubles, & pour ce fujet il fut cité pardevant la Cour de Parlement, où il répondit le 12. de Fevrier 1463. & nya cét enlevement. Cependant quelques témoins ayant efté ouys contre luy, il fut adjourné une feconde fois, & n'ayant ofé comparoiftre ny à une troifiéme affignation, au contraire fe tenant caché dans le Cloiftre de l'Eglife de Noftre-Dame de Grenoble, qui eftoit alors fervie par des Religieux de l'Ordre de Saint Auguftin qui fe font fecularifez dépuis, il fut condamné par Arreft du même Parlement du 10. de Septembre 1464. à un banniffement perpetuel de la Province, en cinq marc d'or d'amande envers le Roy, & en cinq onces d'or envers le Greffier Fifcal nommé Aynard Pradel. Il eut encore ce deplaifir de voir perfecuter fon frere François aprés fa mort, d'apprendre que l'on avoit confirmé les confifcations faites de fes biens, que l'on l'auroit condamné à avoir la tefte tranchée s'il eut efté vivant, qu'il eftoit condamné comme criminel de leze Majefté par deux Arrefts du même Parlement du premier de Septembre & 12. d'Octobre 1465. & que tous les biens de fa maifon eftoient poffedez par le Comte du Bouchage à qui le Roy les avoit donnez; enfin voyant qu'il n'y avoit

plus de remede il fallut ceder au temps , il fortit de fon
azille, fe retira avec fa famille, tantoft chez Jean Pilla , &
tantoft chez Antoine du Motet fes beaux-freres, & n'o-
fant pourtant paroiftre ouvertement, de crainte que l'Arreft de banniffement ne fut executé, il paffa procuration
à Jean Pilla pour tranfiger avec Humbert de Baternay
Comte du Bouchage, ce qui fut fait par acte du 7. d'Avril
1470. par lequel il fut promis deux mille efcus au Comte :
Il fut dit qu'une vigne & un cellier fituez dans la Ville de
Vienne appellez la Chaifne qui eftoient au nombre des
biens qui eftoient de la Maifon des Portiers luy demeure-
roient, comme auffi tous les meubles qui avoient efté entre fes mains , & qu'il ne feroit parlé d'aucune reftitution
des fruits que le Comte avoit retirez pendant qu'il avoit
joüy des biens confifquez. A cette tranfaction furent prefens Nobles Joffrey de l'Eglife , Iean de Vantes, Antoine
Armuet Prevoft de l'Eglife de Saint André de Grenoble,
Claude Coct Treforier General de Dauphiné , Eftienne
de Beaupont Procureur General du Parlement , François
de Cizerin , Jean du Motet , Rollet de Bardonenche Sa-
criftain de l'Eglife de Noftre-Dame , & François du Motet. Elle fut receuë par le même Aynard Pradel Secretaire Delphinal. Cette tranfaction n'eut pas lieu, car le 2. de
Novembre fuivant, Jean portier paffa procuration à François du Motet fon beaufrere pour tranfiger avec Baternay fur le même fujet. Enfin il y eut une feconde tranfaction, par laquelle il fut dit que les deux mille efcus feroient payez au Comte, & que la vaiffelle d'argent & les
meubles feroient rendus à Portier avec le refte des biens.
Ie n'ay pas veu cette derniere tranfaction , mais je l'apprends par les memoires de la maifon , comme auffi que
les deux mille efcus furent payez à Baternay le 5. de Fevrier 1473. que ce Comte avoit joüy du revenu des biens
dépuis 1462. jufques alors , & que nulle reftitution n'en
fut faite, non plus que de la vigne & du cellier de Vienne

& de la vaiſelle d'argent, & que ce Comte s'eſtoit pre-
valu de plus de 10. mille eſcus des biens des Portiers. Enfin le Roy Louys XI. eſtant mort les trois Ordres de Dauphiné ſe pourveurent à Charles 8. ſon ſucceſſeur pour remedier à tant de preſcriptions, & pourſuites, confiſcations,
procedures & jugemens faits contre pluſieurs perſonnes de
cette Province, & par declaration du 8. de Mars 1483. Sa Majeſté les caſſa & annulla, & declara que l'hommage rendu
au Roy Charles VII. ſon ayeul par ſes ſujets de Dauphiné
eſtoit juſte & legitime. Cette declaration êtant favorable
à Jean Portier, il mit en cauſe Baternay, luy demanda la
reſtitution de ſon bien, mais ce Comte eſtant auſſi puiſſant
ſous ce Roy de qui il eſtoit encore Chambellan qu'il l'a-
voit eſté ſous ſon predeceſſeur, il reſiſta long-temps à cette
reſtitution & empeſcha que Portier n'eut juſtice, neãmoins
le Parlement de Grenoble eſtant ſur le point de la rendre
il éluda le coup, perſuada au Roy que parmy ceux qui a-
voient eſté accuſez ſous le regne de Loüis XI. il y en avoit
dont le crime meritoit punition, que le Parlement de
Grenoble & tous ceux de la province de Dauphiné êtoient
ſuſpects, puiſqu'ils eſtoient tous recourans, & qu'il eſtoit
neceſſaire de donner des Commiſſaires eſtrañgers, tellement que le Roy Charles VIII. commit par ſes Lettres du
26. de May 1495. ſix Conſeillers du parlement de paris
pour venir en Dauphiné proceder à la reviſion des procez
intentez & même jugez contre differentes perſonnes
de cette province ſous le regne de ſon predeceſſeur
& particulierement contre les portiers. Ie ne ſçay pas ſi
cette commiſſion eut effet, la même année Iean portier
mourut, ſes ſucceſſeurs ont pourſuivy Baternay & ſes heritiers pardevant le parlement de Grenoble & ailleurs.
I'ay veu toutes les pieces du procez, dans leſquelles j'ay tiré une partie de ce que j'ay cy-deſſus remarqué. Ie n'ay
point trouvé de fin à toutes ces formalitez; tellement que
j'ay lieu de croire que la reſtitution demandée par ce Iean,

par Guiges & Antoine fes enfants & par Iacques & Loüis fils de Guigues eft encore à faire. Iean avoit efpoufé le 16. de Novembre 1446. Bonne du Motet, fille de Noble *Motet.* George du Motet & de Iordane Armuet de Bon-repos, *Armuet.* de laquelle il eut onze enfans. Il tefta le 9. Septembre 1495. & par fon teftament j'apprends qu'il laiffa.

1. Guigues qui a continué la pofterité.

2. Antoine paffa Docteur dans l'Univerfité de Pavie, le 11. d'Avril 1502. ayant eftudié fous François Curtius & Hyerome de Buctigeles, celebres Iurifconfultes : Il mourut n'ayant point efté marié le 14. d'Aouft 1505.

3. Madelaine fut la premiere femme de Noble André de Morges Seigneur de la Mote & du Chaftelard par con- *Morges.* tract du 13. de Mars 1481.

GUIGUES PORTIER,
Echanfon du Roy & Controlleur *General des Finances & du Do-* *maine en Dauphiné.*

IV. Degré

Voulant époufer Marguerite Actuyer fa parente, fille *Actuyer.* de Noble Jean Actuyer, il obtint difpenfe du Vicelegat d'Avignon par un Bref du 3. d'Aouft 1466. Le contract de mariage & la conftitution de la dot fe firent le 2. de Juillet 1482. où Guigues eft qualifié Chambrier & Efchanfon du Roy. Il fut pourveu de la Chaftellenie Royalle de Mens en Trieves par Lettres du 5. de Decembre 1491. que luy en accorda Jaques de Miolans Gouverneur de Dauphiné, en laquelle n'ayant pû eftre receu, Noble Guy de Chafteauvieux s'y eftant oppofé ; le même Gouverneur par d'autres Lettres du 4. d'Avril 1492. addreffées au Parlement, ordonna qu'il en jouïroit avec tous les privileges & toutes les prerogatives, & qu'il y feroit receu. Ces Lettres fignées *par Monfeigneur le Gouverneur & Lieutenant General les Seigneurs de Serve, du Mollard, &*

autres prefens, *VENTOLLET*, où Guigues Portier eſt encore qualifié Eſchanſon du Roy. Enfin par Arreſt du Parlement de Grenoble du 27. de Juillet ſuivant, Chaſteauvieux fut debouté, & Portier maintenu & receu. Il teſta conjointement avec Marguerite Actuyer ſa femme le 10. de Novembre 1500. Et cette même année y ayant dans Rome un grand Jubilé, il y alla avec ſa femme, & demeura trois mois malade en chemin. Il fut Contrôlleur General des Finances & du domaine de Dauphiné; il eſt ainſi qualifié dans ſon teſtament, & par un certificat donné à ſes heritiers après ſa mort par les Officiers de la Chambre des Comptes le 8. de May 1505. Il mourut un Ieudy 8. de Iuin 1502. Sa femme luy ſurvécut, & elle eſtoit encore vivante en 1520. dans laquelle année & le 7. de Mars elle contracta avec Iacques & Loüis Portier ſes enfans. Les memoires de la maiſon portent qu'ils eurent 4. fils & 5. filles; mais par leur teſtament je ne trouve que les enfans qui ſuivent.

1. Iacques dont je parleray.

2. Loüis Conſeiller & Maiſtre Auditeur en la Chambre des Comptes de Dauphiné, receu le 14. d'Aouſt 1511. après la reſignation que Iacques ſon frere luy avoit faite de cet Office. Il fut marié avec Françoiſe de la Colombiere, fille de Noble Aymar de la Colombiere, & de Madelaine Miſtral. De ce mariage nâquirent Bertrand & Olivier qui n'ont laiſſé aucune poſterité.

Colombiere.
Miſtral.

3. Iean fut Eccleſiaſtique, & l'an 1505. il fut pourveu du Rectorat des Chapelles de Saint Pierre, de Saint Paul, & de Saint Chriſtophle, fondées aux portes de l'Egliſe Cathedralle de Nôtre-Dame de Grenoble par les Sauniers, & reparées par Bonne Pilla ſœur uterine de Jean Portier 2. du nom, dont j'ay cy-devant parlé.

4. Loüiſe fut la premiere Religieuſe du Monaſtere de Sainte Claire de Grenoble, fondé par la fille du Preſident Baile.

5. Ieanne fut femme de Noble Ioachim Caſſard fils
unique de Noble Claude Caſſard Citoyen de Grenoble,
& de Louyſe d'Avallon par contract de mariage du 9. de
Fevrier 1501. d'où Ieanne, Enemonde, Guicharde, &
Guigonne Caſſard. Guigonne mariée à Noble Henry
Materon, auquel elle enfanta Antoine, Artus, Claude Ni-
cette, & Laurence Materon.

6. Suſanne eut pour mary Noble George de Saint Marcel Conſeiller au Parlement de Grenoble & Garde des
Seaux.

V. Degré

IACQUES PORTIER,
Seigneur de Brie Auditeur en
la Chambre des Comptes de Dau-
phiné, Conſeiller & Secretaire
du Roy & de la Regente, & ſeul
Secretaire du Gouvernement de
la même Province.

Le 3. de Decembre 1507. il fut pourveu de la Charge
d'Auditeur en la Chambre des Comptes ſur la reſignation qui luy avoit eſté faite le 16. d'Octobre 1506. par Noble Eſtienne Audric qui en eſtoit titulaire; & il le remit
à ſon frere Loüis en 1511. comme j'ay dit. Le Roy Loüis
XII. luy infeoda la Chaſtelenie Royalle de Chamſaur,
Montorſier & Montauquier en Dauphiné, par Lettres du
4. d'Aouſt de l'année 1511. & il en rendit hommage à Sa
Majeſté le 5. de May 1514. Le Roy François I. luy con-
firma cette infeodation par autres Lettres du 8. d'Aouſt
1515. Cette Chaſtelenie avoit eſté poſſedée l'an 1442.
par Noble Caterin Doncieu Seigneur de Dieſmoz Conſeiller & Chambellan du Roy. En 1480. par Noble Pierre de Mons. En 1485. par Noble Gilles Ameyſin. En 1490.
par Noble Humbert de Mons fils de ce Pierre. En 1499.
par Noble François de Mons frere d'Humbert. En 1500.
par Noble Louys Portier frere de Iacques. En 1511. & le

8. Ianvier par Noble Eftienne Vallier. Ce changement de mains eftoit caufé par les obftacles qui fe rencontroient dans la joüiffance de cette charge, foit par les Habitans des lieux, ou par le Procureur General du Roy qui pretendoit qu'il eftoit deub certains droits annuels à Sa Majefté ; & pour furmonter toutes les difficultez & lever toutes les charges attachées à cette Chaftelenie, Iacques Portier offrit au Roy de luy quitter les 1000. florins que François Portier fon grand oncle avoit prefté au Dauphin Louys fon ayeul, & de ne luy rien demander de ce qui luy pouvoit eftre deub, pour les pertes & frais qu'il avoit faits en Italie fous le Regne du feu Roy Louys XII. Sous ces conditions le Roy luy fit une autre infeodation de la même Chaftelenie par Lettres du 17. d'Avril 1516. & l'affranchit de toutes charges ; mais Portier n'en peut jamais joüir paifiblement, & après avoir fouffert de grands procez pour ce fujet, laffé des dépances qu'il falloit faire, il la refigna à Bertrand fon neveu, comme j'ay dit cy-devant, où il ne demeura gueres, car il mourut quelques mois après, & la charge fut impetrée par Antoine Carles qui s'en fit pourvoir par le Gouverneur de la province. I'ay dit que Iacques avoit fervy le Roy Loüis XII. en Italie, & pour le juftifier je deduiray la teneur de certaines Lettres Royaux par luy prifes le 27. de Iüin 1514. où il eft enoncé que *ledit Roy Louys XII. eftant dernierement paffé delà les Monts au mois de May en fon armée pour le recouvrement de fon Eftat de Milan, ledit Portier fut envoyé par les Lieutenans Generaux en la ville de Pavie, pour d'icelle envoyer des vivres à l'armée, où faifant fadite commiffion, l'armée qui eftoit devant Novarre fut defaite; c'eft pourquoy ledit Portier fut contraint de fe retirer dans le Chafteau de Pavie, parce que la nouvelle de la deronte de l'armée eftoit arrivée à Pavie. La Ville fe revolta, & le Chafteau fut affiegé, où eftoient Charles de Salliers fieur de Morete en Piemont, Philippes de Gony fieur de Hauby Capitaine de 500 hommes de Pavie avanturiers, Iean Damel fieur*

de la Gravelle son Lieutenant, Nicole de Paris son porteur d'En-
seigne, Iean Francisque de Milan porteur de Guidon de la Com-
pagnie de Theodore Trivulce, & ledit Portier avec 30. ou 40. che-
vaux legers arbanez pour tenir & demeurer en garnison dans led.
Chasteau, mais ne pouvant tenir ils furent obligez de se rendre à
Maximilian usurpateur de l'Estat de Milan à composition qui
fut la vie sauve seulement, qu'ils sortiroient sans rançon pour se
retirer avec un baston blanc à la main, mais que la pluspart d'eux
fut mise à Novarre dans des basses fosses, particulierement lesdits
Solliers & Portier à qui on fit mille injures & indignitez jusques
à leur brûler la plante des pieds. Qu'estant sortis de Novarre &
menez à Ast ledit Maximilian leur auroit fait donner la liberté
sans rançon, que neantmoins ledit Solliers auroit persuadé à Por-
tier qu'il falloit rançon, que Portier n'ayant point d'argent, Solliers
se seroit obligé à payer pour luy & en auroit tiré une cedulle &
promesse par écrit de la somme de 330. escus Soleil; cependant
Portier ayant sçeu qu'il n'avoit rien donné ny pour l'un ny pour
l'autre, il auroit impetré lesdites Lettres Royaux pour estre relevé
de ladite cedulle. Par cette déduction on apprend une partie des services que Jacques Portier avoit rendus au Roy
Loüis XII. en Italie. Il luy en rédit encore beaucoup d'autres
en France & ailleurs, car sa Majesté avoit une grande
confiance en luy estant l'un de ses Secretaires Ordinaires,
& l'on void par des Lettres du 13. de Mars 1513. qu'elle le
commit pour luy mener une Demoiselle appellée Françoise Chamyn de Chasteaubriant en Bretagne *pour sça-*
voir d'elle la verité de certaines choses qui touchoient grandement
Sa Majesté. C'est ainsi que la commission en parle. Parmy
beaucoup d'actes que j'ay veu Portier est nommé Conseiller & Secretaire du Roy, & en d'autres Conseiller Ordinaire. Il fut aussi fait Conseiller & Secretaire de la Reyne
Anne de Bretagne troisiéme femme de ce Roy par Lettres
du 7. de Decembre 1514. Et aussi seul Secretaire
du Gouvernement de Dauphiné par Lettres du 20. de
Septembre 1515. que luy fit expédier Loüis Duc de Lon-

F

gueville qui en estoit Gouverneur. Il continua d'être Conseiller & Secretaire du Roy François I. qui par Lettres du 20. de Septembre 1516. ordonna au Tresorier tant du Royaume que de Dauphiné, de luy payer ses gages revenans à six sols parisis de l'Ordonnance. Outre la Chastelenie de Champsaur, Montanquier & Montorsier; il fut aussi pourveu de celle de Moretel & de Goncellin, par Lettres du 26. de Fevrier 1514. (Chastelenie en Dauphiné. c'est-à-dire Gouvernement & particulierement dans les terres dépendantes du Domaine Delphinal.) Enfin Jacques Portier ayant partagé les biens de sa maison avec Loüis son frere par divers Contracts des années 1515. & 1518. & autres (où l'on void que malgré les fâcheuses conjonctures il restoit de grands & de beaux biens dans la famille) Il songea à se marier & jetta les yeux sur la vef- *Morard* ve de Noble Jean Servient Seigneur de Biviers, appellée Caterine Morard fille de Noble Iean Morard Conseiller au *Sauret.* même Parlement, & de Marguerite Sauret sa femme, mais comme il luy avoit porté un enfant en Baptême il fallut avoir dispance, qu'il obtint du Pape Leon X. en Novembre 1518. Il l'épousa le 27. Decembre 1519. Dans le contract de mariage il est qualifié Maistre d'Hostel de Louyse de Savoye Duchesse d'Anjou & de Tours Regente du Royaume, & mere du Roy François I. Cette Morard resta sa vefve en 1529. auquel téps & le 15. de Iuillet elle fut nommée tutrice des enfans qu'elle avoit eu de Iacques son mary consistans en deux filles, sçavoir

1. Guigonne qui suit.
2. Caterine mourut jeune.

GUIGONNE PORTIER,

VI. Degré   *Dame de Brie & de Chevrieres.*

Elle fut laissée à l'âge de 5. ans sous la tutelle de sa me- *la Croix.* re. En 1541. elle Epousa Noble Felix Guerre dit la Croix

Conseiller du Roy & son Avocat General au Parlement de Grenoble. En 1548. elle se pourveut au Roy *pour avoir le remboursement de ce que son pere avoit perdu lors de sa prise dans la Lombardie, sçavoir en or, argent monoyé, chaisnes & bagues, la somme de 300. escus d'or, en robes pourpoints, saies de drap de soye & autres accoustremens, la vallent de 200. escus, en chevaux & montures six vingt escus, en debtes, papiers, cedules tant à luy qu'à d'autres appartenans, & qu'il avoit en garde la somme de six cent escus qu'il luy auroit convenu dépuis payer à ceux qui le luy avoient baillé, & pour sa rançon la somme de trois cent trante escus soleil qui luy avoient esté prestez par Charles de Solliers Chevallier Seigneur de Morette le 7. Fevrier 1514. comme aussi de mille florins que François Portier son grand oncle avoit presté au Roy Louys XI. n'estant que Dauphin.* De toutes lesquelles sommes elle demandoit le remboursement attendu que son pere n'avoit pas pû jouïr de la Chastelenie de Champsaur, Montorsier & Montauquier qui luy avoit été infeodée pour ce sujet: sur quoy le Roy Henry II. fit rendre Arrest en son Conseil le premier de Decembre 1549. portant que sur la demande de Guigonne il en seroit donné avis à sa Majesté par ses Gens des Comptes de Dauphiné. Ce qui fut fait le 17. de Mars 1550. & toutes ces sommes furent reglées à celle de quinze cent cinquante neuf livres tournois que sa Majesté par Lettres du 14. de Septembre suivant Ordonna luy estre payée par son Receveur General de Dauphiné. Felix de la Croix son mary fut obligé de prester quelque somme au Roy, bien loin d'avoir le remboursement de ce qui estoit deub à sa femme, & je trouve que ce qui fut deub à ces deux mariez alla jusques à neuf mille livres & davantage, une partie en a esté payé comme j'ay veu par quelques quittances; je ne sçay pas si le reste l'a esté. J'ay parlé de Felix de la Croix dans la Genealogie de cette Maison.

ARZAC.

D'Argent à trois Bandes de Gueules au Chef d'Or,
chargé d'un Aigle de Sable.

ALLIANCES.

BERTRAND.	GARCIN.
BLANC.	GROLEE.
BLOU.	JOMARON.
BOCSOZEL.	MEFFREY.
BOFFIN.	MEYRIE.
BOISSET.	MOTET.
BOVIER.	MOYET.
BOURGES.	MURINAIS.
BRUNIER.	NEYRIEU.
La CHAPELLE.	PAYN.
CHAPONAY.	PONNAT.
CHASTELAR.	*La* PORTE.
CLAVESON.	POTERLAT.
Du CLOT.	RUE.
COSTAING.	SERVIENT.
La CROIX.	TOURNET.
DODIEU.	DUVACHE.
FAY.	VALLIN.
FUSIER.	VEHYER.

ARBRE GENEALOGIQVE.

PREMIERE BRANCHE,

QVI EST CELLE

DE LA CARDONNIERE.

Simonet 1439.
Marie de la Chapelle.

Antoine 1478. Michel. Charles. Marguerite. Ieanne. Françoise. Claudine.
Antoinette de la Meyerie.

Humbert 1487.	Iaques	Philippine.	Claudine,	Beatrix.
Felize de Vallin.	a fait branche		ou Caterine	
	à S. Marcellin.		Robert de	
			Chaftellard.	

Pierre 1556.	Humbert	Charles.	Sebaftienne.	Claude.	Marguerite.
Marguerite	a fait les		Ponfon Duclot.		Gabriel de
Vehier.	Branches				Poterlat.
	du Sivel.				

Aymard 1591.	Antoinette.
Ieanne de Blou.	François de
	Clavefon.

François. Philippes. Claude. Iaques. Iean. Alexandrine. Louyfe. Charles.
Sufanne Charlote
de Bourges. Bovier.

Antoine. Charles. Baltefard. Bertrand.

II. ET III. BRANCHE,

QUI SONT CELLES

DU SAVEL.

Humbert II. du nom 1568.
Antoinette Servient.

Iaques 1603.	Iean.	Anne.	Philippine	Ieanne	Hycrome.
Françoife Blanc.			Religieufe.	Religieufe	Benoite Serriere.

Soffrey 1647.	Françoife.	Heleine.	Claudine.	François.
Ieaunne de	François de	Iean-Nicolas	Charles	Marguerite
Bocfofel.	Chaftellard	de Tournet	du Motet.	de Fufier.

Thomas.	François.	Anne.	Olimpe.	Louyfe.	Gafpard.	Felicien.	Hycrome.
Marie-Ifabeau	Ifabeau de						
de Garcin.	Meffrey.						

QUATRIE'ME BRANCHE,

QUI EST CELLE

DE S. MARCELLIN.

Iaques 1505.

François. André. Charles. Eynard 1527.   Huguette.
                       Claudine de Ruë.

    Ioachim.   Enemond 1529.
    Claudine Costaing.   Florence Payn.

Barbe. Antoinette. Isabeau.   Anne. Marg. Iean 1593. Ioachim, Claudine.
Iean   Iean de   Nicolas de   Ieanne Boisset. Eccl.
de la   Brunier.   Chaponay.
Croix.

                 François 1660.   Guilemette.
                 Marguerite
                 Moyet.

             Marguerite.   Iean-François.   Gabrielle.

HISTOIRE

ET
PREUVES.

ES memoires de cette famille difent, qu'elle eft d'Italie & qu'il y en a encore de même nom & d'Armoiries femblables à Mantouë & à Milan. Hyerome d'Arzac Evêque de Nyce & Aufmônier d'Eleonor d'Auftriche femme de François I. Roy de France, recommanda Joachim d'Arzac Vibailly de saint Marcellin à Frederic Duc de Mantouë & l'avoüa fon parant ; c'eft le fujet pour lequel Frederic le fit Citoyen de Mantouë par lettres du 20. de Mars 1533. Les Arzacs de Dauphiné ont pris foin de faire extraire divers actes à Mantouë & à Milan pour établir la confideration dans laquelle ont efté les Arzacs d'Italie où je trouve en 1539. un Galeace d'Arzac Patrice de Milan en 1608. un Jean-Pierre d'Arzac Chevalier de l'Ordre de saint Maurice & Lazare fils de Clement d'Arzac Iurifconfulte, Quefteur & Receveur General des Finances extraordinaires de l'Eftat de Milan, à qui Philippes III. Roy d'Efpagne accorda une penfion. Un Henry d'Arzac fils du même Clement receu parmy les Iurifconfultes Comtes & Chevaliers du même Eftat en 1590. un Henry d'Arzac fils de Henry qualifié Illuftre en 1618. & deux Archevêques de Milan nommez Arnoux & Curibert.

G

Il n'y a pas lieu de douter que la famille des Arzacs d'Italie ne soit Noble & Illustre aprés des témoignages si évidens, elle porte mêmes Armes que celle de Dauphiné, mais ne trouvant aucun acte positif qui puisse m'apprendre que ceux de cette Province en sont sortis je n'iray pas si loin chercher leur origine. Ie me tiendray à ce que les titres m'ont apris & je commanceray à Simonet d'Arzac du lieu de Chaste auprés de Saint Marcelin duquel les branches qui nous restent sont descenduës. Elles consistent en quatre, sçavoir Arzac la Cardonniere, Arzac Seigneur du Savel, Arzac dit du Savel, & Arzac du lieu de Saint Marcellin.

SIMONET D'ARZAC,
du lieu de Chaste auprés de S. Marcellin.

I. Degré

la Chapelle. Marie de la Chapelle fut sa femme, & il en fait mention dans son testament du 24. de Iuin 1439. comme aussi de ses enfans dont voicy les noms.

1. Michel mort sans posterité.
2. Antoine qui a continué.
3. Charles mourut à la journée de saint Aubin.
4. Marguerite.
5. Ieanne.
6. Françoise.
7. Claudine.

ANTOINE D'ARZAC,
dit Simonet.

II. Degré.

Fut consideré par le Dauphin Loüis, & servit ce Prince estant Roy XI. du nom, avec beaucoup de reputation. Il en acquit aussi en Italie sous Charles VIII. où il commanda quelques soldats, & il combatit à la journée de Fornouë. Sa femme fut Antoinette de la Meerie. Il testa Meerie. le 11. d'Aoust 1511. & eut pour enfans.

1. Humbert qui fuit.
2. Iacques qui a fait branche.
3. Philipinne.
4. Claudine ou Caterine, femme de Noble Robert de Chaftelart du lieu de S. Bonnet mandement de S. Lattier. *Chafte-lart.*
5. Beatrix.

HUMBERT D'ARZAC
de la Cardonniere.

III. Degré.

Il contracta mariage le 18. de Fevrier 1487. avec Fe-life de Vallin, fille de Noble Hugues de Vallin du lieu de *Vallin.* Saint Marcellin, & de Louyfe de la Porte, & fœur de No-*la Porte.* ble Pierre de Vallin. Il fut tué en Italie dans un combat contre les Efpagnols, & mourut avant Antoine fon pere, qui fait mention dans fon teftament que j'ay cy-deffus allegué des enfans que ce Humbert fon fils avoit laiffez, qui furent.

1. Pierre qui aura fon chapitre.
2. Humbert qui a fait la branche du Savel.
3. Charles fut tué à la bataille de Pavie.
4. Sebaftienne fut femme de Noble Ponfon Duclot *du Clot.* du lieu de Roiffas, comme il fe tire du teftament de ce Duclot en datte du 18. d'Avril 1555.
5. Claude.
6. Marguerite mariée à Noble Gabriel de Poterlat, *Poterlat.* par contract du dernier de Septembre 1502.

PIERRE D'ARZAC,
Seigneur de la Maifon forte de la Cardonniere au Mandement de Chatte.

IV. Degré.

Il eut pour femme Marguerite Vehyer, fille de Noble *Vehyer.* Jean Vehyer du lieu de Saint Jean en Royans, par con-tract du 9. de Mars 1532. Il tefta le 15. de Iuillet 1556.

Sa femme avoit eſté mariée en premieres nopces avec
Bertrãd. Noble Iean Bertrand ſieur de Chartronnieres. Et eſtant
vefve de l'un & de l'autre, elle teſta en 1572. Les enfans
que Pierre d'Arzac eut d'elle furent.

Claveſõ.

   1. Aymar dont je parleray.

   2. Antoinette mariée à Noble François de Claveſon.

AYMAR D'ARZAC,
*dit Vehyer Seigneur de la Maiſon
forte de la Cardonniere.*

     V. Degré

Il ſe ſignala aux guerres de la ligue & particulierement
dans le Royanois qu'il défendit en faveur des Catholiques.
Blou. Son contract de mariage avec Ieanne de Blou fille de
Fay. François de Blou de Laval, Eſcuyer ; & de Claudine de
Fay eſt du 23. de Ianvier 1561. Il teſta le 15. de Novem-
bre 1591. & laiſſa

   1. François.

   2. Philippes.

   3. Claude.

   4. Iacques qui a continué la poſterité.

   5. Iean.

Bovier.   6. Charles Epouſa Charlote de Bovier, laquelle eſtant
reſtée veuve ſans enfans ſe remaria à Noble Gaſpard de
Marrel. Marrel. Elle teſta le 15. de Ianvier 1604.

   7. Alexandrine.

   8. Louyſe.

IACQUES D'ARZAC,
*Seigneur de la Maiſon Forte de
la Cardonniere.*

     VI. Degré

Bourges. Eut pluſieurs emplois honnorables tant dans la Cavallerie
que dans l'Infanterie. Sa femme fut Suſanne de Bourges,
fille de Noble François de Bourges Eſcuyer de la Ville de
Lyon ; & vefve d'Eſtienne Segueuyn Eſcuyer. Leur con-

tract de mariage fut paſſé le 17. de Iuillet 1611. Il teſta le
25. de Iuin 1624. les enfans qu'il a laiſſé ſont

1. Antoine.
2. Charles.
3. Balthezard qui ſuit.
4. Bertrand.

BALTESARD D'ARZAC,

VII. Degré.   *Seigneur de la Cardonniere.*

Il y a plus de 40. ans qu'il ſert. Il a eſté Guidon des
Gens d'Armes du Cardinal Mazarin, puis Meſtre de Camp
d'un de ſes Regimens de Cavallerie, Commiſſaire General de la Cavalerie, Marechal de Camp des Armées du
Roy, Lieutenant General, & enfin Meſtre de Camp General de la Cavallerie Legere de France par la mort du
Marquis de Renel tué devant Cambray l'an 1677. Par tout
il a fait des merveilles & a toûjours eſté eſtimé par le Roy
& par les Generaux ſous leſquels il a ſervy. Il fut fait pri-
ſonnier avec le Marechal de la Ferté lors du premier ſiege
de Valanciennes, & dans la bataille de Montcaſſel ga-
gnée par Monſieur Frere unique du Roy, la même année 1677. il commandoit toute la Cavalerie & à combattu à l'aiſle droite ſous le Marechal d'Humieres.

ARZAC DU SAVEL,
II. BRANCHE.

IV. Degré.   **HUMBERT D'ARZAC** *II. du Nom*

Il eſtoit fils puis-né de Noble Humbert d'Arzac premier du nom, & de Felize de Vallin; & il eut pour femme Antoinette Servient dite du Savel. L'un & l'autre te- *Servient*

G iij

fterent par un même acte le 5. d'Aouft 1568. Il eft fait mention dans leur teftament de Jeanne & d'Heleine Servient fœurs de la teftatrice, & des enfans fuivans.

1. Jaques qui a continué.
2. Jean.
3. Anne.
4. Hyerôme qui a fait branche.
5. Philipinne Religieufe au Monaftere de Clavas.
6. Jeanne Religieufe au Monaftere de faint André de Vienne de l'Ordre de faint Benoit.

JAQUES D'ARZAC, Seigneur de la Maifon forte du Savel.

V. Degré.

Blanc. Par une tranfaction du 7. d'Avril 1603. faite entre Françoife Blanc & Soffrey d'Arzac fon fils, j'apprens qu'elle avoir efté mariée à Jaques d'Arzac qui fait la matiere de cette fection. C'eft ce qui eft encore mentionné dans le teftament d'Humbert d'Arzac fon beaupere. De cette alliance vinrent.

1. Soffrey qui fuit,
Chafte-lart. 2. Françoife femme de Noble François de Chaftelart du lieu de Maubec.
Tournet. 3. Heleine fut mariée à Noble Jean-Nicolas de Tournet.
du Motet 4. Claudine femme de N. Charles du Motet.

SOFFREY D'ARZAC, Seigneur de la maifon forte du Savel.

VI. Degré.

Bocfozel Jeanne de Bocfozel eftant fa vefve, elle fit une donation entre vifs à Thomas d'Arzac fon fils le 16. de Septembre 1647. Cette Bocfozel eftoit fille de Noble Joffrey

de Bocſozel Conſeiller au Parlement de Grenoble, Seigneur du Chaſtellard & d'Eydoche, & de Jeanne de Murinais. Les enfans qu'elle a eu de Soffrey d'Arzac ſont. *Marinais*

1. Thomas qualifié Lieutenant Colonel au Regiment
Dugaz dans la donnation que ſa mere luy fait. Il a eſté
marié avec Marie-Izabeau de Garcin, fille de Noble An- *Garcin.*
toine de Garcin ſieur de ſaint Germain, & de Guilemet-
te de Grolée, & a des enfans. *Grolée.*

2. François a Epouſé Izabeau de Meffrey, fille de No- *Meffrey.*
ble Iacques de Meffrey ſieur de Ceſarges, & de Caterine
de Neyrieu, & a des enfans. *Neyrieu.*

3. Abeſſe du Monaſtere de Laval-Breſſieu
transferé à la Coſte ſaint André

ARZAC DU SAVEL,
III. BRANCHE.

V. Degré.   HYEROME D'ARZAC,
                    dit du Savel,

Fils de Humbert d'Arzac deuxiéme du nom, & d'Antoinette Servient du Savel. Il eut de Benoite Serriere.

VI. Degré   FRANCOIS D'ARZAC,
                    dit du Savel, ſieur de Villevert.

Lequel contraɕa mariage le 7. de Mars 1631. avec
Marguerite de Fuſier, fille de Noble Pierre de Fuſier du *Fuſier.*
lieu de la Buiſſiere & de Claudine Boffin. Il a teſté le 20. *Boffin.*
de Juillet 1640. & a laiſſé,

1. Felicien eſt marié & a des enfans.
2. Hyerome eſt marié & a des enfans.

3. Gaſpard.
4. Louyſe.
5. Olimpe.
6. Anne.

※※※※※※※※※※※※※※※※※

ARZAC DE S. MARCELLIN.
IV. BRANCHE.

III. Degré.   JACQUES D'ARZAC.

Il eſtoit fils de Noble Antoine d'Arzac & il mourut a-
vant ſon pere, comme il ſe juſtifie par le teſtament de ſond.
pere , où il fait mention des enfans que Jacques ſon fils
avoit laiſſez qui eſtoient nommez.

1. François.
2. André.
3. Charles.
4. Eynard qui a continué.
5. Guillaume.
6. Huguette.

IV. Degré.   EYNARD D'ARZAC.

Ruë.   Eut pour femme Claudine de Ruë , fille d'Eſtienne , &
petite fille d'Antoine de Ruë du lieu de Saint Marcellin :
De cette famille de Ruë il a eu Joachim de Ruë Conſeiller Maiſtre des Comptes en Dauphiné , neveu de Claudine, lequel d'Alix du Vache ſa femme laiſſa une fille unique nommée Anne de Ruë , qui fut mariée à Jean de Iomaron Conſeiller au Parlement de Grenoble auquel elle
Iomaron enfanta Anne de Iomaron femme de François de Ponnat
Ponnat. Doyen du même Parlement. L'alliance de cette Claudi-

ne de Ruë avec Eynard d'Arzac eſt juſtifiée par une re-
connoiſſance paſſée en faveur de leurs enfans le penultiéme d'Octobre 1527.

1. Ioachim d'Arzac Conſeiller du Roy Lieutenant General Civil & Criminel du Baillage du bas Viennois &
Valantinois au Siege Royal & Preſidial de ſaint Marcellin, eut pour femme Claudine de Coſtaing de Puſignan, *Coſtaing*
fille de Noble Hector de Coſtaing, & d'Iſabelle Dodieu, *Dodieu,*
de laquelle il n'eut que trois filles. La premiere appellée
Antoinette d'Arzac mariée à Noble Iean de Brunier Sei- *Brunier.*
gneur de Larnage. La deuxiéme nommée Izabeau fut *Chapo-*
femme de Noble Gaſpard de Chaponay Seigneur de ſaint *nay.*
Bonnet. Et la troiſieme eut nom Barbe, qui eut pour mary Iean de la Croix de Chevrieres, Preſident au Parlement *la Croix.*
de Dauphiné, lequel aprés la mort de ſa femme fut fait
Evêque de Grenoble.

2. Enemond qui a continué.

V. Degré   ENEMOND D'ARZAC.

Celuy-cy & Ioachim ſon frere firent renouveller leurs
reconnoiſſances en 1529. dans le preambule deſquelles
ils ſont nommez heritiers d'Eynard. Enemond eut pour
femme Florence Payn qualifiée Noble dans une revente *Payn.*
du 17. de Septembre 1537. & ſon mary Eſcuyer. Il eſt encore qualifié Eſcuyer dans un contract d'acquiſition du
22. d'Avril 1560. Sa femme teſta le premier de Iuillet
1573. étant ſa vefve; & elle nomme les enfans ſuivans,

1. Iean.

2. Ioachim Religieux de ſaint Ruf & Prieur du Prio-
ré de ſaint Vallier Protonotaire du ſaint ſiege.

3. Claudine.

4. Marguerite.

5. Anne.

H

VI. Degré. **IEAN D'ARZAC.**

Testa le 22. de Septembre 1593. Il fait mention de Ieanne Boisset sa femme & de ses enfans.

1. François.
2. Guillemette femme de Noble Estienne du Vache, & mere de Jean, Président en la Chambre des Comptes Seigneur de Lalbenc.

du Vache

VII. Degré **JEAN D'ARZAC.**

Sa femme fut Marguerité Moyet, laquelle estant sa vefve fit une donnation entre vifs le 2. d'Avril 1660 à Jean-François son fils. Ce pere & ce fils y sont tous deux qualifiez Nobles. Par la même donnation, la donnatrice se reserve quelque somme pour ses deux filles.

1. Iean-François.
2. Gabrielle.
3. Marguerite.

VIII. Degré **IEAN-FRANCOIS D'ARZAC,** *Conseiller du Roy & Assesseur au Baillage de Saint Marcellin.*

Les Communautez de saint Marcellin & de Chevrieres, où il a du bien, luy ayant contesté sa qualité pardevant Messire François Dugué Intendant de Dauphiné & Commissaire departy par Sa Majesté pour la verification des titres de Noblesse dans la même Province: Il les a fait débouter & il a esté declaré Ancien Noble par un jugement contradictoire du dernier d'Aoust 1668. Il est marié & a des enfans.

CHISSE'.

Parti d'Or & de Gueules à un Lyon de Sable brochant sur le tout.
Il y a des branches en Savoye qui chargent l'épaule du
Lyon d'une Fleur de Lys d'Argent, qu'on tiens
estre une concession.

ALLIANCES.

ALLEMAN.
BALME.
BAR.
BARDONNENCHE.
BARONAT.
BEAUMONT.
BELLEGARDE.
BERENGER.
BIEU.
BLANCHELAINE.
BOTOLIEU.
BOURCHENU.
BRIANCON.
BRUEL.
CHALANT.
CHASTILLON.
CHISSE'.
De CHAVNES.
La CROIX.
DISY.
DODIEU.
FRENAY.
FRENOIX.

GEX.
GRAINS.
GUIFFRAY.
LESTANG.
LOCHES.
LUCINGE.
MADELAIN.
MARECHAL.
MENTHON.
MONTCASSEY.
MONTELARD.
MONTEYNARD.
MONTFERRAND.
ORLEANS.
POLINGE.
RICHARD.
SACONAY.
SAINT-JOIRE.
SAINTE-COLOMBE.
THOIRE.
THUVIE.
VEGNY.

ARBRE GENEALOGIQVE.

Henry 1240.

Roller.

Pierre 1301.   Iean 1309.
Molette de Chiffé.

      Rodolphe 1340.   Aymé.   Pierre.

      Henry 1366. Meyner. Giraud. Iean.
      Gelmonde de   Evêque de Grenoble.
      Lucinge.
      Françoife de Bardonnenche.

Raymon. Iean. Humbert 1435. Raoul. Pierre. Guillaume.

    Nicod.   Pierre.

Claude. Eynard, Pierre. Angelin.
      Ecclef.

Louys. Antoine. François 1458.   Guillemette. Georgette. Ieanne.
                      Reforciat de Iean de   François
                      Beaumont.   Briançon.   de Mon-
                      Claude de   taynard.
                      Berenger.

Raymon 1501. Iean. Françoife Religieufe.

François. Iacques. Ioffrey. Iean. Pierre 1549. Chriftophle. Amedée.
                        Louyfe de
                        Baronat.   Humbert.

                                      Philippes.

                                      Antoinette.

Iean. Michel 1581. Laurent. Theodore. Ieanne.
      Claudine de
      Montaynard.

Ioachim 1609.   Marciane.   Claudine.
Diane de Leftang.   Felix de la Croix.

Pierre. Ioachim. Octavian. Chriftophle. Iofeph. Marguerite.
                                  Claude de Chaulnes.

HISTOIRE
ET
PREUVES.

LA Savoye a eu plufieurs Branches de cette famille, entr'autres celles de Polinge, de Filinge, de Cor-
bieres, de Servoz, de Tramblet, de Salanges &c.
Le Dauphiné en a une qui eft celle de la Marcouffe, à l'occafion de laquelle je donne cette Genealogie.
Il y a une Tour dans le Foucigny qu'on nomme de Chiffé
apparemment comme elle a appartenu à cette Maifon Elle luy a donné fon nom.

Je fouhaiterois pour la fatisfaction de ceux qui pren-
dront la peine de lire mon ouvrage de pouvoir articuler
tous les dergez des branches de cette Maifon qui font en
Savoye avec les preuves que je tâche de joindre à tout ce
que j'allegue; mais n'eftant pas fur les lieux pour les extraire
avec fidelité je fuis obligé de donner feulement ce qui
m'en a efté communiqué.

Charles-Augufte de *Sales* Evêque & Prince de Geneve qui a compofé le pourpris Hiftorique, contenant la
Genealogie de fa Maifon, parle en divers endroits de la
famille de *Chiffé* & mêmes fort avantageufement. Voicy
ce qu'il en dit dans le Pied 5. de la Toife 6. du Pan 2. Elle
a donné des Archevêques à la Tarentaife, des Evefques
à Grenoble, quantité de Chanoines à l'Eglife Cathedrale
de Geneve, des Prevots à l'Eglife de faint Gilles de Ver-
nice, de grands Religieux à l'Ordre de faint Benoift, des

Comtes , des Barons , des Chevaliers, des Chambellans &
des Capitaines au ſervice des Rois de France & d'Eſpagne,
& des Ducs de Savoye. Elle a donné des femmes aux Nobles Maiſons de la Palu , de Rogement , de Renguis, de
Chaſtillon, de Saconay & de fromentes : Elle en a pris des
Nobles Maiſons de Chalant , de Breul , de Montferrand,
de Granyer, de Bellegarde & de Braccio.

Guichenon dans ſon Hiſtoire de Breſſe parle auſſi en divers endroits de cette famille & énonce pluſieurs alliances.

Ie trouve dans les memoires qui m'ont eſté communi-
quez & dans le même Evêque de Geneve, que les Habitans de Geneve ont pluſieurs fois pillé, brûlé & ſacca-
gé le Chaſteau de Polinges & que les papiers ont eſté en-
veloppez dans ces déſordres.

I. Degré   HENRY de CHISSE',
              Seigneur de Salanges.

Il vivoit environ l'an 1240. & Nicolas Chorier dans
ſon Hiſtoire de Dauphiné le met témoin dans un acte
de cette année-là & du 16. d'Avril.

Je trouve à même temps Albert de Chiſſé qui eut pour
fils Pierre de Chiſſé vivant l'an 1301. & pour fille Alix de
Chiſſé mariée à Noble Humbert de Rogemont. Pierre *Roge-*
fut pere de Guichard mentionné dans des actes de 1350. *mont.*
Guichard eut pour enfans d'Alix ſa femme Robert vivant
l'an 1372. Falcoz 1361. Nicolas 1375. & Rollet. Ce Rollet fut pere de Pierre qui vivoit l'an 1391.

Dans le même temps de Henry j'ay encore rencontré
un Pierre de Chiſſé qui fut pere de Jean qui l'a eſté de
Nicollette qui Epouſa un autre Pierre de Chiſſé dont je *Chiſſé.*
parleray. Voicy le fils de Henry.

II. *Degré*   ROLLET *de* CHISSE'.

Il eſt mentionné dans le contract de mariage de Pierre
ſon fils. Il en eut deux ſçavoir.

Chiſſé.   1. Pierre qui en 1301. épouſa Nicolette de Chiſſé fille
de Jean dont j'ay precedemment fait mention. Il ne laiſſa
pas de poſterité qui me ſoit connuë.

2. Jean l'a continuée.

III. *Degré*   IEAN *de* CHISSE'.
                              Premier du Nom.

Il vivoit l'an 1309. & laiſſa.

1. Rodolphe qui ſuit.

2. Aymé en 1309. paſſa contract avec Rodolphe
ſon frere.

3. Pierre a fait la branche de Salanges, de laquelle
eſtoit Aymon Evêque de Grenoble, qui a fait baſtir l'Hoſtel Dieu de ladite Ville, & par ſon teſtament il en commit les Conſuls & le Conſeil de Grenoble Adminiſtra-
teurs. Il a relevé avec quelque ornement la ſepulture des
Evêques. Il a fondé une Meſſe dans l'Egliſe Cathedrale
à perpetuité, qui ſe dit tous les jours à ſept heures du ma-
tin. Il mourut en 1408. De cette même branche eſt derivée
celle de Filinge, qui a produit un autre Aymon Evêque
de la même Ville qui a fait baſtir le quartier du Palais
Epiſcopal joignant l'Egliſe Paroiſſialle de Saint Hugues
& de Saint Jean qui eſt attachée à la Cathedrale, comme
auſſi celuy de l'entrée du même Palais. Les murailles, les
lambris & les couverts ſont auſſi des marques de ſes repa-
rations, & on y voit les Armes de ſa maiſon en divers endroits. Il eſtoit le 55. Evêque. Avant luy il y avoit eu Rodolphe de Chiſſé Evêque de la même Ville, d'une branche cadette de Salanges.

IV. Degré RODOLPHE *de* CHISSE',
Premier du Nom.

Celuy-cy & Aymé son frere sont dits fils de Jean dans
un contract de 1309. Il eut
1. Henry qui aura son chapitre.
2. Meynet.
3. Giraud.
4. Jean fut Evêque de Grenoble, tellement qu'il y en
a eu 4. de cette famille. Claude Balme Chanoine qui a donné le roolle des Evêques de ce Diocese, dit qu'il estoit
de la branche de la Marcousse; peut être à cause qu'il estoit
oncle de celuy qui a commencé cette branche.
Quoy qu'il en soit cét Evêque siegeoit en l'an 1343. Il
fut le mobile du transport de Dauphiné au fils aisné du
Roy de France & détacha ceux qui estoient du party du
Pape & du Comte de Savoye pour les reduire au sien. Le
Roy en reconnoissance luy accorda & à ses successeurs
Evêques à perpetuité la qualité de President des Estats de
la Province.

V. Degré. HENRY *de* CHISSE',
Premier du Nom.

Dans un contract de vente qui fut fait en sa faveur en
1339. Il est qualifié fils de Rodolphe, il fut approuvé
par Humbert Dauphin Baron de Foucigny. Il testa en
1366. Il est fait mention de Gelmonde de Lucinge sa pre- *Lucinge.*
miere femme, & de Françoise de Bardonnenche sa secon- *Bardon-*
de femme. Ie ne sçay pas laquelle luy procrea. *nenche.*
1. Raymon qui continua la brâche des Seigneurs de Polinges, de laquelle, il y en a eu d'autres que je ne puis dé-
duire avec fidelité pour n'avoir pas veus les titres. Celuy-
cy Epousa en 1382. l'heritiere de Polinges & ses succes- *Polinges*
seurs se sont alliez aux Maisons de Thoyre, de Menthon, de

I

Marechal, de Vergny, de Richard, de Chalant, de Bruel,
de Grains, de Sacconay, de Montferrand, de Dify, de Bellegarde; de Martin, de Loche, de Portier, de Monon, de
saint Joyre, de Botolier, de Rides & de Bieu.

Chiſſé. 2. Jean qui fut pere de Caterine de Chiſſé mariée à
Noble Pierre de Chiſſé fils de Guillaume.

3. Humbert a fait la branche de laquelle eſt derivée
celle de la Marcouſſe, & fera la matiere du 6. degré.

4. Rodolphe ou ʀaoul a auſſi fait branche que je laiſſe
à part pour n'avoir pas eu communication des titres.

5. Pierre. Il y a eu contract fait entre celuy-cy, Humbert & Guillaume ſes freres de l'an 1408.

6. Guillaume.

Pierre & Iacquemar furent baſtards.

VI. Degré.   HUMBERT *de* CHISSE'.
                        Seigneur de Servoz.

Les memoires qui m'ont eſté donnez ne m'apprennent
point ſon alliance. Il fut heritier de Giraud ſon oncle &
dans un contract paſſé en 1435. qu'il eſtoit déja fort vieux,
il eſt qualifié neveu & heritier de ce Giraud. La tradition
porte qu'il herita de Iean de Chiſſé Evéque de Grenoble
ſon oncle, & c'eſt le ſujet pour lequel ſes ſucceſſeurs paſ-
ſerent en Dauphiné. Il eut pour enfans.

1. Nicod qui ſuit.
2. Pierre-Angelin.

VII. Degré   NICOD *de* CHISSE'.
                        Seigneur de Servoz.

Ie ne ſçay point de qu'elle femme il eut ſes enfans.

1. Angelin n'eut que trois filles, ſçavoir Guillemette
Beaumōt mariée en premieres nopces avec Reforciat de Beaumont
Seigneur de saint Quentin, & en ſecondes nopces à Clau-

de de Berenger Seigneur du Gaz, tous deux Gentishom- *Berenger*
mes de Dauphiné. Georgette Epousa Iean de Briançon *Brian-*
Seigneur de Varce, aussi Gentihomme de cette Provin- *çon.*
ce. Ieanne eut pour mary François de Montaynard Sei- *Montay-*
gneur de Prebois, Gentilhomme du méme pays. *nard.*

2. Claude aura son chapitre.

3. Eynard Chanoine de l'Eglise de Nostre-Dame de
Grenoble.

4. Pierre de Chissé Courrier de la Ville de Grenoble.

VIII. Degré.   CLAUDE *de* CHISSE'.
dit Jaillet Seigneur du Tremblet.

Il eut trois enfans d'une femme qui ne m'est pas connuë: il vivoit l'an 1443.

1. Loüis de Chissé dit Jaillet eut un fils nommé comme luy qui mourut sans posterité.

2. Antoine de Chissé dit Jaillet.

3. François a continué.

IX. Degré   FRANCOIS *de* CHISSE'.

Dans un contract de l'année 1458. il est qualifié fils de
Noble Claude de Chissé. Il fut appellé dans la Ville de
Grenoble par Angelin de Chissé Seigneur de Servoz son
oncle qui y avoit quelques biens qui avoient appartenu à
Jean de Chissé qui en estoit Evéque, & de qui l'ayeul
d'Angellin avoit herité. Par contract de mariage du 9. de
Fevrier 1442. ce François Epousa Aynarde de la Balme, *la Balme*
vefve de Noble Humbert Alleman, en presence de No- *Alleman*
bles Jean de Bardonnenche Prieur de Corenc, d'Eynard
de Chissé Chanoine à Nostre-Dame, Pierre de Chissé
Courier de Grenoble, Mermet de Chissé, qui estoit
fils de Jean de Chissé Seigneur de Polinges, François de

I ij

Chiffé, François Varnier dit Poulent, & Claude Leuf-
fon du lieu de saint Marcellin. Il en eut d'enfans.

1. Raymon dont je parleray.

2. Jean Chambellan du Roy Louys XII. qui tefta l'an
1499. & le 6. de Janvier, fait heritier Raymon fon frere.
Il avoit efté marié avec Eve de Bourchenu, fille de Noble Antoine de Bourchenu & d'Alix de Montaynard.

3. Françoife Religieufe à Montfleury.

*Bourche-
nu.*
*Montay-
nard*

X. *Degré* RAYMON *de* CHISSE'.

Il alla habiter dans la Paroiffe de Polienas au Baillage
de saint Marcellin fur les Rives de l'Ifere du cofté du cou-
chant: Il s'allia par contract du 28. d'Avril 1507. avec
Louyfe de Guiffrey, fille de Noble Amedée de Guiffrey
de Goncelin,&deFrançoife de Guiffrey-Boutieres fa femme. Il tefta le 12. d'Avril 1518. & laiffa.

*Guiffrey.
Guiffrey.*

1. François.
2. Jacques.
3. Joffrey Religieux de Mont-majeur.
4. Jean.
5. Pierre qui a continué.
6. Chriftophle.
7. Amedée.
8. Humbert.
9. Philippes.
10. Antoinette.

XI. *Degré.*

PIERRE *de* CHISSE',
*Seigneur de la Marcouffe
Chevalier de l'Ordre du Roy
& Gentilhomme Ordinaire
de fa Chambre.*

Il contracta mariage le 11. de Janvier 1549. avec Louyfe de Baronnat fille deClaude deBaronnat Chevalier Sci-

Baronnat

gneur de Polomieux & de poliénas & de Claudine Dodieu. *Dodieu.*
Il fut fait Gentilhomme Ordinaire de la Chambre du
Roy, par Brevet du 20. d'Octobre 1565. Chevalier de
l'Ordre de saint Michel par un autre Brevet du 29. de Mars
1568. & Gouverneur de Romans par un troisiéme Brevet
du 29. d'Avril suivant. Il fut aussi Gouverneur de la Ville
de Grenoble & Lieutenant au Gouvernement d'Anjou.
Dans son testament qui est du 6. de May 1567. il prend
toutes ces qualitez, comme aussi celle de Lieutenant de
100. Hommes d'Armes des Ordonnances de sa Majesté
sous le Comte de Lude : Il mourut à Angers où l'on voit
son tombeau. Il eut pour enfans.

1. Jean.
2. Michel qui sera mentionné cy-aprés.
3. Laurent.
4. Theodore.
5. Jeanne.
6. Claudine mariée à Noble Jean-Jacques de Maubec. *Maubec.*

XII. Degré

MICHEL *de* CHISSE',
Chevalier Seigneur de la Mar-
cousse, Enseigne de la Compa-
gnie des cent Hommes d'Armes
du sieur de Maugiron & Gouver-
neur de Gap.

Il s'allia par contract du 17. de Fevrier 1582. avec *Montay-*
Claudine de Montaynard, fille de Guy de Montaynard *nard.*
Chevalier de l'Ordre du Roy, Seigneur de Marcieux, &
de Joachine de Guiffrey de Boutieres, fille du *Celebre* *Guiffrey.*
Boutieres Lieutenant General & seul Commandant
l'Armée d'Italie, & arriere-niece du *Chevallier* Bayard.
Elle estoit de l'ancienne famille de Montaynard, qui conte parmy ses alliances celles des Comtes de Die, des Marquis de Montferrat, & de la plus grande partie des testes

Couronnées de l'Europe, parce que Marguerite de Montferrat femme d'Hector de Montaynard avoit eu pour a-
yeuls les Roys de France, d'Arragon, de Maïorque, de
Hongrie, d'Armenie & autres, & estoit de la race des Pa-
leologues Empereurs de Constantinople. Il testa le 18.
d'Octobre 1585. & sa femme le 21. de Iuillet 1616. Ils
eurent pour enfans.

 1. Joachim qui suit.

 2. Marianne.

la Croix 3. Claudine, femme de Felix de la Croix Chevalier
Chevrie- Seigneurs de Chevrieres, dont j'ay fait mention dans la
res. Genealogie de la Croix.

JOACHIM *de* CHISSE'

XIII Degré.   *Seigneur de la Marcousse.*

Lestang. Sa femme fut Diane de Lestang, fille d'Antoine de Lestang
 Seigneur de Lestang, de Moras & de Lentiol, Chevalier
 de l'Ordre du Roy, & l'un de ses Chambellans, & de Mar-
Sainte guerite de sainte Colombe de Piney ; & il l'épousa par
Colombe contract du 18. de Iuillet 1609. Il a testé le 29. de Iuillet
1636. & a laissé.

 1. Pierre mourut à Grenoble.

 2. Ioachim est mort sans avoir esté marié.

 3. Octavian Mestre de Camp d'un Regiment de Cavalerie, mort depuis quelques années sans avoir esté marié, & aprés avoir donné des marques de sa valeur en plusieurs campagnes pour le service du Roy, & avoir esté
Maréchal de Camp dans l'armée destinée au siege d'Es-
tampes.

 4. Christophle est mort à Casal aprés s'estre signalé.

 5. Ioseph a servy dans les Armées du Roy en qualité
de Mestre de Camp d'un Regiment de Cavalerie estran-
ger; s'est trouvé en plusieurs sieges, batailles & rencontres, & s'est acquis beaucoup de reputation par les mar-

ques de valleur qu'il a données.

6. Marguerite époufa Claude de Chaulnes Efcuyer, *Chaul-*
ancien Prefident au Bureau des Finances de Dauphiné, *nes.*
de qui l'Efprit , la bonté & la generofité luy avoient autant acquis d'amis qu'il y a d'honneftes gens qui le con-
noiffoient. Ie luy fuis redevable de mille marques de
fon amitié, & fa mort m'a efté extrémement fenfible. Il
a un fils qui luy a fuccedé en fa Charge , & un autre Ecclefiaftique , une fille Religieufe à Montfleury & une autre mariée avec le fieur de Guimetieres.

SAYVE.

D'Azur à une Bande d'Argent, chargée de trois
Couleuvres de Gueules.

ALLIANCES.

AUMONT.	JACQUOT.
BAILLET.	LITEAUT.
Le BELLIN.	LULLIN.
La BERAUDIERE.	NOYDAN.
BOVESSEAU.	RECOURT.
CHAMSEY.	SAINT AGNES.
La CROIX.	SAINT RIVIER.
FILSJEAN.	SAUMAISE.
GIGOT.	SIREDEY.
GIROUD.	VIENNE.
Le GRAND.	VILLE.
GUIOTAT.	VISANT.

ARBRE GENEALOGIQVE.

PREMIERE BRANCHE,

QVI EST CELLE

DE VESVROTTE.

Gafpard 1360.
Marie de Ville.

Iean.
Antoinette
de Lullin.

Giraud.
Caterine de S. Rivier.

Gafpard.

Thomas.
Caterine de la
Beraudiere.

Pierre. Iean 1423.
Marguerite
de S. Agnés.

Angelique.

Pierre .1448.
Françoife de Vifant.

Iean II. 1494.
Marguerite de Chamfey.
Anne de Liteaut.

Pierre II. 1518.
Aiglantine de
Noydan.

Iacques.

Philippes,
Eccl.

Iean III 1526.
Philiberte
Boüeffeau.

Eftienne 1548.
Chreftienne
de Recourt.

Dreux. Iacques, Girard, Charlotte. Pierrette
Eccl. Eccl. Benigne François
Iacquot. d'Aumont

Olivier. Maree.

Iean IV. 1567.
Françoife Filsjean.

Nicolas
a fait branche.

Difdier.

Girard. Philippes. Marie.
Siredey.

Marguerite.
Gigot.

Caterine.
Saumaize.

Chriftine.
le Belin.

DEUXIE'ME BRANCHE,

QUI EST CELLE

D'ECHIGEY & DE LA MOTTE.

Nicolas 1574.
Marie Guiotat.

Iacques 1615.	Claude.		Pierre.
Barbe Giroud.	Elizabeth de Iacquot.		
	Chriftine le Grand.		

Marie.	Henry.	Madelaine.	Pierre.	Iacques.
Iean de la Croix	Marguerite	Gabriel de		
de Chevrieres.	de Vienne.	la Croix.		

	René Bernard.	Henry.	Iean.	Henry.	Marguerite.	Marie.

HISTOIRE
ET
PREUVES.

J'Entreprend la Genealogie d'une famille qui a tiré son nom du Marquisat de Sayve l'un des plus anciens des Estats du Duc de Savoye, & qui estant passée en Bourgogne y a tenu un rang si considerable qu'elle n'y a veu au dessus d'elle que les seuls Princes. Sa gloire & son éclat n'ont pas moins esté un effet de sa valleur qu'un rayon des plus hautes Charges de la Magistrature, dans lesquelles on la veu élevée. Et je puis dire qu'elle a toûjours esté l'honneur de sa patrie, l'appuy de l'Estat, le refuge des gens de Lettres & l'amour de tout le monde. Voyons maintenant quels ont esté ceux qui l'ont composée.

I. Degré. **GASPARD** *de* **SAYVE,**
Chevalier Marquis de Sayve.

Ville.   Epousa Marie de Ville, fille de Charles Marquis de Ville d'une des plus considerables familles de Savoye, & de Ferrare, & de laquelle nous avons veu de nos jours Guy de Ville Marquis de Cillan Lieutenant General dans les Armées de France; & auprés du Pape Vrbain VIII. & General de la Cavallerie de son Altesse de Savoye. De cette alliance il y eut

     1. Jean de Sayve Marquis de Sayve, qui d'Antoinet-
Lullin. te de Lullin, fille de Gabriel Marquis de Lullin, laissa une

grande posterité qui continua dans les Estats de Savoye.

2. Girard aura son chapitre particulier, parce que c'est de luy dont est descenduë la branche de Bourgogne que je décrits.

II. Degré   GIRARD *de* SAYVE.
Chevalier, Seigneur de Saint Andrea & de la Grava.

Ces terres furent son appanage. Il epousa Catherine de S. Rivier saint Rivier d'Entragues, fille d'Olivier de saint Rivier Baron d'Entragues, par contract du 2. de Fevrier 1399. Il estoit aimé du jeune Comte Amé VIII. & fut l'un de ceux qui l'accompagnerent à Tournus lors qu'il y fut pour conclurre son mariage avec la fille du Duc de Bourgogne. Il eut pour enfans.

1. Gaspard Seigneur de saint Andrea, se signala contre le Marquis de Saluces, & le Comte Amé ayant suscité une guerre contre Eudes & Boniface Marquis de Sayve ses parens il fut obligé de les secourir. Il mourut en reputation d'un vaillant homme sans avoir esté marié.

2. Thomas Seigneur de la Grava puis de saint Andra aprés la mort de son frere, n'eut pas des enfans de Caterine de la Beraudiere sa femme.   *Berau-diere.*

3. Pierre mourut jeune.

4. Jean a continué.

5. Angelique.

III. Degré.   JEAN *de* SAYVE.

Comme il fut cadet de sa Maison son partage dans les successions de son pere & de sa mere fut petit. Il prit le party de la guerre & si accoustuma de bonne heure ; car à peine eut il quatorze ans qu'il suivit les Trouppes que le Duc de Savoye envoya en Allemagne contre les Hussi-

tes en 14̄23. & ayant le Commandement de quelques
Troupes, il les mena contre le Marquis de Montferrat &
paſſa en Flandre en faveur du Duc de Bourgogne à la teſte de cent Hommes. A ſon retour eſtant dans la Comté
de Bourgogne il y devint amoureux de Marguerite de *S.*
S. Anges. Agnes , fille de Charles Seigneur de saint Agnes & du
fief de Savigny en Revermont. Il l'épouſa & en eut.

IV. Degré.   PIERRE de SAYVE,
                              Seigneur de ſaint Agnes & du
                              Fief de Savigny.

Qui ſe fit remarquer en la journée des Harancs où il
commandoit un Corps d'Infanterie. Il épouſa le premier
viſant. de Janvier 1448. Françoiſe de Viſant, fille de Charles de
Viſant Eſcuyer du Duc de Bourgogne , & en eut.

V. Degré.   JEAN de SAYVE II.
                              du Nom, Chevalier Seigneur
                              de ſaint Agnes & du Fief de
                              Savigny.

Fut Capitaine de cent Hommes d'Armes pour le Duc
Charles de Bourgogne lors de la guerre des Liegeois êtant
encore fort jeune. Il eut deux femmes, la premiere fut
Chamſey Marguerite de Chamſey , fille de Jean Conſeiller au Parlement de Paris qu'il épouſa le 4. d'Aouſt 1488. La ſecon-
Liteaut. de fut Anne de Liteaut, fille de Philippes de Liteaut d'une
famille de la Comté de Bourgogne , avec laquelle il contracta mariage le 12. d'Avril 1494. Aprés ces alliances il
eut une Compagnie de chevaux Legers dans la guerre de
la Croiſade, & à ſon retour il fut fait Gouverneur du Châ-
teau de saint Laurent de la Roche en la Comté de Bourgogne, où il ſouſtint quatres ſieges qu'il fit lever, & dans
le dernier il eut la jambe emportée d'un coup de canon.

Voicy ſes enfans.

Du Premier liĉt.

1. Pierre qui ſuit.

Du ſecond liĉt.

2. Jacques mourut ſans alliances.
3. Philippes Religieux.

VI. Degré.

PIERRE de SAYVE II.
du Nom, Seigneur de ſaint Agnes, de Flavigny, de Veſurotte & du Fief de Savigny.

Charles de Chamſey Conſeiller au Parlement de Paris ſon oncle eut ſoin de ſon éducation & luy donna les terres de Flavigny & de Veſurotte. Il fut extrémement conſideré par les Habitans de la Ville de Dijon où il s'eſtoit étably. Il fut leur Vicomte Majeur pendant plus de 20. ans & mania leurs affaires pendant les déſordres de la guerre des Suiſſes qui aſſiegerent Dijon. Ce fut par ſes conſeils que le traitté fait avec eux le 3. d'Aouſt 1518. fut fait; & que la Trimoüille qui commandoit les Trouppes du Roy évita pluſieurs perils où les ennemis le vouloient reduire. Il fut marié avec Aiglantine de Noydan, fille de Charles de Noydan & petite fille de Jean de Noydan fondateur d'une Chapelle qui eſt derriere le grand Autel de la ſainte Chapelle de Dijon. De cette alliance il y eut. Noydan.

1. Jean de Sayve Chevalier Seigneur de Flavignerot, de Buſſi & de la Motte-Palliers, Conſeiller du Roy en ſes Conſeils, Preſident au Parlement de Bourgogne aprés y avoir eſté ſecond Advocat General en 1522. puis Premier Advocat General en 1526. & enfin Preſident en 1551. Pierre Palliot mon bon amy le nomme Jacques en ſon Hiſtoire du Parlement de Bourgogne, & ſi je l'appelle Jean c'eſt ſur la foy d'un Arbre Geneālogique que j'ay

Bouef-
feau.

veu. Il eut pour femme Philiberte Bouess#eau Dame de
Barjon & le Fossé, fille de Thomas Bouessëau Conseiller
au même Parlement, pour fils Olivier de Sayve Advocat
General au même Parlement l'an 1551. & pour fille Marie. Il est enterré en sa Chapelle des Cordeliers à Dijon,
où l'on voit son Epitaphe en ces termes.

*Hic dormit amicus vester cujus spiritus nunquam quievit
vestris precibus agite â fratres & amici carissimi ut
nunc in pace quiescat 29. Octob. 1559.*
*Ceterum ut non vitæ tantum verum & mortis socia fie-
ret Nobilis quondam Domina Philiberta Bouessëau
ejus conjunx eodem quoque loco corpus sepulturæ dari
voluit.*

2. Estienne a continué.
3. Dreux Président au Présidial de Melun.
4. Jacques Abbé de sainte Marguerite.
5. Girard Abbé de la Buissiere.

Jacquot 6. Charlote eut pour Epoux Benigne de Jacquot Sei-
neur de Neuilly d'Auliny, d'Aix & de Maigny.

Aumont. 7. Pierrette épouse de François d'Aumont Capitaine
de cent Hommes d'Armes.

VII. Degré.

ESTIENNE de SAYVE,
*Seigneur de Vesurotte, d'Echigey
de Couchey & de Chamblanc Conseiller du Roy au Parlement de
Bourgogne.*

Il fut pourveu de cette charge le 23. d'Octobre & receu
le 27. de Novembre 1527. & y rendit de signalés services à
l'Estat lors des guerres de la ligue. En consideration dequoy le Roy luy donna cent pied d'arbres propres à bastir,
à prendre en la forests de la Piece pour rebastir son Cha-

fteau d'Echigey qui avoit efté brûlé au paffage des Rei-
ftres. Il eut d'importantes commiffions, & celle où il fut
employé pour demander à la Nobleffe de Bourgogne le
10. de fes revenus pour la rançon du Roy François premier n'eft pas des moins confiderables. Il époufa l'an 1548
Chreftienne de Recourt, fille de Nicolas de Recourt Sei- *Recourt.*
gneur d'Echigey & de Chamblanc. Il eut pour enfans.

1 Jean aura fon chapitre.
2. Nicolas a fait branche.
3. Difdier Confeiller au même Parlement l'an 1571.

JEAN de SAYVE III.
du Nom, Seigneur de Vefvrotte,
Confeiller au même Parlement.

VIII. Deré.

Il eft nommé François par le fieur Palliot qui dit qu'il
fut receu en cette charge l'an 1567. Il époufa Françoife
Filsjean, & en eut. *Filsjan.*

1. Girard qui fuir.
2. Philippes, Chanoine de la fainte Chapelle de Dijon, Prieur de Combertault.
3. Marie a époufé   Siredey.   *Siredey.*
4. Marguerite femme de   Gigot.   *Gigot.*
5. Caterine a contracté mariage avec   de Saumaife. *Saumai-*
6. Chriftine marié à   le Belin.   *fe.*
                                                    le Belin.

GIRARD de SAYVE,
Seigneur de Vefvrotte, Confeil-
ler au même Parlement.

IX. Degré.

Le fieur Palliot le fait fils d'Eftienne, ce qui s'accorde
mal aux memoires qu'on m'a donnez.

L

SAYVE ESCHIGEY ET LA MOTTE.
II. BRANCHE.

VIII. Degré.

NICOLAS *de* SAYVE,
*Seigneur d'Echigey & de Cham-
blanc , Conseiller du Roy en son
Grand Conseil, Intendant dans ses
Armées.*

Estoit fils puisnay d'Estienne de Sayve & de Chrestien-
ne de Recourt. Il fut receu Conseiller au Grand Conseil
Guiotat. l'an 1574. Il épousa Marie Guiotat, fille de Jacques Guiotat Seigneur de Les-Daurées & de Chevanay, Conseiller
du Roy au même Grand Conseil, par contract de mariage
du 6. de Mars 1579. Il fut Intendant dans les Armées du
Roy, où par divers certificats que j'ay veus, j'ay appris
qu'il avoit servy plusieurs années tant pour les milices que
pour plusieurs negotiations ; & le Roy Henry IV. ayant
sçeu que pour s'estre trop fatigué à son service il estoit de-
venu paralitique , luy accorda par Lettres Patantes qu'il
jouïroit de son Office de Conseiller au Grand Conseil
pendant sa vie, & luy donna les biens du sieur de Flavignerot qui avoient esté confisquez. Il fut pere de

1. Jacques de Sayve Chevalier Seigneur d'Echigey,
de Chamblanc & de Couchay, Conseiller au Grand Con-
seil l'an 1610. puis Président à Mortier au Parlement de
Bourgogne l'an 1615. eut pour femme Barbe Giroud, fille
Giroud. de Benoit Giroud Président à Mortier au même Parle-
Baillet. ment & de Madelaine Baillet. Il a eu pour fille unique

Marie de Sayve Epoufe de Jean de la Croix de Chevrieres, *la Croix* Chevalier, Comte de saint Vallier, Prefident à Mortier *de Che-* au Parlement de Grenoble. *vrieres.*

2. Claude a continué.

3. Pierre Seigneur de Les-Daurées de Buiffiere & de Tronçois-Sire, Baron de Thil & de Bullenay, Connefta-ble hereditaire de Bourgogne, premier Capitaine au Re-giment d'Anguien, Gouverneur pour le Roy de la Ville de Flavigny, mort fans avoir efté marié, aprés avoir fer-vy le Roy tres-long-temps, & s'eftre avantageufement fignalé au fiege de Salfe commandant le même Regiment. Il fut auffi Capitaine au Regiment des Gardes de fa Maje-fté.

CLAUDE *de* SAYVE,
Chevalier Baron de Chevanay, Com-
te de la Motte, Confeiller au Grand
Confeil, puis premier Prefident en la
Chambre des Comptes de Bourgogne.

XI. Degré.

A eu deux femmes la premiere fut Elizabet de Jacquot *Iaquot.* fille de Benigne de Jacquot, Seigneur d'Aix, de Nevilly, d'Aubigny & de la Nivelle, premier Prefident en la mê-me Chambre des Comptes & le quatriéme de fa famille qui a poffedé cette charge. La feconde a efté Chriftine le Grand, fille de Jacques le Grand, Seigneur d'Alufe d'Y- *le Grand* futhil & de Marnay, Confeiller du Roy en fes Confeils & premier Prefident en la même Chambre des Comptes. Il époufa la premiere en 1626. & eut.

Du premier Liĉt.

1. Henry qui fuit.

2. Madelaine a pour mary Gabriel de la Croix, Che- *la Croix* valier Seigneur de Pifançon, Confeiller du Roy en fes Confeils, Prefident à Mortier au Parlement de Grenoble.

Du second Lict.

3. Pierre de Sayve Chevalier, Seigneur de Les-Daurées de Nevilly, Chevanay, Gevilly, Vermoulin & la Chaleur, Comte de la Motte, fut Lieutenant au Regiment des Gardes, puis Colonel d'un Regiment d'Infanterie qui portoit son nom, à la teste duquel il a rendu des services tres-considerables lors des guerres de Flandres, de la Comté de Bourgogne & de la Holande. Il fit une action digne de remarque lors du siege de l'Isle où il repoussa les ennemis aprés une sortie jusques à la porte de la Place. Il se logea sur la contrescarpe de Dole avec une fermeté admirable, dont le Roy fut si content qu'il luy fit dire par le Marquis de Gadaignes qu'il chercheroit les occasions de l'en recompenser, qu'il pouvoit s'en asseurer & l'en faire ressouvenir. Sa Majesté luy donna encore des marques de son estime & de son affection lors du siege de Narden où il estoit avec le Regiment d'Infanterie appellé autrefois le petit Navailles & dont il estoit alors Colonel. A sa teste le Comte de la Motte fit trois sorties de la place avec tant de succez qu'il nettoya toujours la tranchée, & quoy qu'à la troisiéme il eut receu deux grandes blessures dont l'une luy fracassoit la jointure du bras, il ne voulut jamais signer la capitulation du Gouverneur de la place & des Trouppes qui la défendoient. Le Roy estant tres-satisfait de sa conduite & de son courage, cassa les Trouppes qui estoient dans la place, du nombre desquelles êtoit son Regiment, & luy donna en même temps le Regiment de la Marine qui est du nombre des vieux Corps. Sa Majesté le fit la campagne suivante Brigadier d'Infanterie, & ce fut dans cét employ où lors que le Comte de Montecuculy qui fondoit des vastes esperances sur la mort du Vicomte de Turene qui fut tué d'un coup de canon allant reconnoistre l'Armée des Imperiaux, vint attaquer

l'arriere garde de l'Armée du Roy avec un Corps tres-
confiderable de Cavalerie & de Dragons fuivy de toute
fon Armée en bataille, trouva d'abord tant de refiftance
par le Regiment de Champagne, à la tefte duquel le Comte de la Motte combattoit en qualité de premier Brigadier
d'Infanterie, que le Comte de Montecuculy ne crût plus
noftre défaite fi facile qu'il s'eftoit propofé. En effet le
Regiment de Champagne aprés avoir fi genereufement
refifté à un nombre, qui eftoit capable de le bouleverfer fe
retira en bon ordre derriere un ruiffeau, où il tint ferme
plus de trois heures animé par l'exemple du Comte de la
Motte, qui ne laiffa pas de demeurer à la tefte de ce Regiment encore plus de demye heure aprés avoir receu plufieurs grandes bleffures, dont il y en eut une qui luy rom-
pit la noy du col, & il en mourut feize jours aprés dans la
Ville de Colmar en Alface où il fut porté, n'eftant âgé que
de 32. ans, regretté de toute l'Armée & de toute la Cour,
& fi fort eftimé de fa Majefté que l'on eftoit perfuadé
que s'il eût vefcu il feroit arrivé a tous les employs où un
Gentilhomme d'autant de valeur que luy pouvoit afpirer.

4. Jacques.

X. Degré.

HENRY *de* **SAYVE,**
*Chevalier Seigneur de Vermoulin,
de Genifi & de Les-Daurées,
Baron Sire, & Comte de Thil,
Baron de Iulinay & de Chevanay,
Comte de la Motte, Conneftable
hereditaire de Bourgogne, Meftre
de Camp d'un Regiment de Cavalerie, & Lieutenant General pour
le Roy au Gouvernement de Bourgogne.*

Il a eu l'honneur de commander toute la Cavalerie de
fa Majefté en plufieurs rencontres & de faire par tout des

actions dignes de fa famille, dont il fut recompenfé d'une penfion annuelle de trois mille livres. Il époufa le 2.
Vienne. d'Aouft 1654. Marguerite de Vienne, fille de Charles de Vienne, Chevalier Seigneur de Pomart, Baron de Cha-fteau-Neuf, Comte de Comarain, Marefchal de Camp des Armées du Roy, & fon Lieutenant General en Bour-gogne, d'une famille de laquelle il y a eu des Maréchaux & Admiraux de France & plufieurs Generaux d'Armées. Il a eu pour enfans.

1. René-Bernard Enfeigne au Regiment des Gardes.
2. Henry premier.
3. Iean.
4. Henry deuxiéme.
5. Marguerite,
6. Marie.

ROUVROY.

De Sable à la Croix d'Argent chargée de cinq Coquilles
oreillées de Gueules.

ALLIANCES.

ANGLOS.

ARMELLY.

AUBESPINE.

BROUILLY.

BUDOS.

CANREMY.

CANJON.

CHASTELET.

COSSE'.

CRUSSOL.

ETRARD.

FAY.

La FAYETTE.

FLOCQUES.

La FONTAYNE.

FRAQUIER.

FREMAULT.

GONTERY.

GOUFFIER.

GRAMBOIS.

HALENCOURT.

HARLAY.

HAVAL.

HAUCOURT.

HAVESQUERQUE.

MAILLY.

NOLLENT.

OVARMAISE.

PERDRIEL.

POPILLON,

PRESTEVAL.

ROLLECOURT.

SAINS.

SAINT-SIMON.

SOYECOURT.

SUCRES.

La VACQUERIE.

ARBRE GENEALOGIQVE.

Louys 1262.

. . . .

Iean 1314.
Marguerite de Saint Simon.

Mathieu 1389.   Guillaume
Ieanne de Hauesquerque.   a fait branche.

Gaucher.   Gilles 1395.
                    Ieanne de Flocques.

Guillaume ou Gilles.   Antoine.   Iacqueline.   Marguerite.
Marie de la Vacquerie.   Valerian   Guilaume
                                    de Sains.   de Presteual.

Mery.   Louys.
         Antoinette de Mailly.

François.   Louys.   Anne
Suzanne   Pierre de Perdriel.
de Popillon.   Nicolas de Popillon.
                      Louys de la Fontaine.
                      Charles de Nollent.

Louys.   Estienne.   Françoise.
Denise de la Fontaine.   Robert de Collan.
                                 Charles de Grambois.
                                 Iean de Sueres.

Charles Marquis   Claude Duc   Louys.   Ieanne.   Louyse.
de S. Simon.   de S. Simon.   Louys   Laurent du
Louyse de Cruffol. Diane-Henriette de Budos.   de Fay.   Chaftelet.
                    Charlote de l'Aubefpine.

Gabrielle-Louyse.   Vn fils du
Henry-Albert de Cofsé,   2. lict.
Duc de Briffac.

M

AUTRE BRANCHE
DE ROVVROY.

Guillaume 1380.

Nicolas 1429.
Colaffe de Soyecourt.

Robert 1464.
Iacqueline Douarmaife.

Breton.   Antoine 1538.
          Claudine d'Halencourt.

François 1556.
Marie d'Anglos.

Iean 1572.
Ieanne de Beldon-Harlay.

Frederic 1607.   Iean.   Antoine.
Anne de Broüilly.

Pierre 1643.   Philippes.
Marie-Vrfulle
de Gontery.

Iacques. Pierre. Iean. Philippes. Ieanne.
                            Pierre-Felix de la Croix de Chevrieres,
                            Comte de S. Vallier.

HISTOIRE

ET

PREUVES.

SI l'alliance que Monſieur le Comte de ſaint Vallier a faite dans cette famille ne m'engageoit d'en donner la Genealogie, je n'aurois pas eu cette penſée, puiſqu'elle eſt eſtrangere de Dauphiné, & que par mon projet je me ſuis propoſé la ſeule Nobleſſe de cette Province ; mais comme j'ay deſſein de comprendre dans ce volume l'Hiſtoire Genealogique des Maiſons les plus conſiderables & les plus proches qui entrent dans les 32. quartiers du fils de Monſieur le Comte de ſaint Vallier, il ne faut pas oublier celle de Rouvroy recommandable par ſon ancienneté, illuſtre par ſes Alliances, celebre par ſes beaux employs, & remarquable parmy celles qui tiennent les premiers rangs en France.

Tout ce qui fait ma peine, c'eſt que mes memoires ne ſont pas aſſez amples, que n'eſtant pas à Paris où eſt la ſource des titres les plus aſſeurez, des preuves les plus certaines, & des actes les plus anciens ; je pourray difficilement écrire tout ce qui appartient à la gloire de cette famille. J'avouë pourtant qu'eſtant il y a quelques mois dans cette ſuperbe Ville j'ay eu pluſieurs conferances avec Mr. du Bouchet ſi ſçavant dans l'Antiquité, qu'il ſemble qu'il ait eſté de tous les ſiecles ; avec Monſieur

d'Hofier fils d'un des plus grands Genealogiftes de l'Europe & qui a herité de toutes fes rares connoiſſances, avec
Monſieur de Gaignieres Eſcuyer de Mademoiſelle de
Guiſe qui ſçait parfaitement l'hiſtoire des familles, avec
Monſieur de la Roque qui connoiſt ſi bien la Nobleſſe de
tout le Royaume, avec le R. P. Meneſtrier de la Compagnie de Jeſus qui a ſi bien démeſlé toutes les difficultez
du Blaſon , & avec pluſieurs autres ſçavans dans les Genealogies, & j'y receus de la part du R. P. Anſelme Augu-
ſtin déchauſſé les derniers ouvrages qu'il a faits touchant
la Famille Royalle & celles des Grands Officiers de la Couronne. Tant d'Illuſtres qui ont bien voulu eſtre de mes
amis m'en ont donné des marques en me communiquant
leurs beaux memoires & me faiſant part de tout ce que je
leur ay demandé là deſſus. J'ajouſte même qu'ils m'ont dó-
né quelques inſtructiós de la famille de Rouvroy, quoyque
je n'en aye pas aſſez pour la faire paroiſtre avec tout l'é-
clat qu'elle merite. La Picardie a eſté ſon pays d'origine,
& voicy ce qui m'en eſt connu.

I. Degré.   LOUYS de ROUVROY,
Chevalier , Seigneur d'Oiſemont.

Les memoires de la Maiſon portent qu'il fut enterré à
Compiegne & qu'il vivoit l'an 1262. aprés s'eſtre ſignalé
en pluſieurs occaſions contre les Anglois. Son alliance
m'eſt inconnuë. Il eut pour fils.

JEAN de ROUVROY.
II. Degré.   *Chevalier , dit le Borgne , Seigneur*
du Pleiſſis ſur ſaint Juſt, de Gran-
ville & de Raſſe , Gouverneur de la
Ville de l'Iſle en Flandres.

Quelques extraits des Chartres de ſaint Fuſſien de Beau-

vais, m'ont appris qu'il vivoit l'an 1314. Marguerite de
faint Simon , fille de Ferry, Seigneur de faint Simon & *S. Simon.*
d'Agnes de Campremy fut fa femme. Elle herita de la ter- *Campre-*
re de faint Simon par le decez fans enfans de Jacques de *my.*
faint Simon fon frere. Elle eftoit d'une famille iffuë de
celle de Vermandois qui tiroit fon origine de Pepin Roy
d'Italie , fecond fils de l'Empereur Charlemagne , eftant
venuë d'Eudes de faint Simon fils d'Horbert IV. Comte
de Vermandois, décendu par la 10. generation de ce Pepin. Eudes eut pour fils Eudes , celuy-cy fut pere d'un
autre Eudes qui le fut de Ferry pere de Marguerite. De
cette alliance il y eut,

   1. Mathieu qui fuit.

   2. Guillaume de Rouvroy, dit le Galois. C'eft le chef
de la branche de laquelle eft venuë Madame la Comtef-
fe de faint Vallier.

MATHIEU de ROUVROY,
III. Degré.   *dit le Borgne , Seigneur de faint Simon*
               & Deftoully.

Paffa une vente le 29. d'Avril 1389. à Arnaud de Cor-
bie Chancellier de France. Il époufa Jeanne de Havef- *Havef-*
querque Dame de Raffe, & en eut   *querque.*

   1. Gaucher de Rouvroy dit de faint Simon, dont l'Hi-
ftoire de Monftrelet fait une honorable mention. De luy
font décendus les Seigneurs de faint Simon terminez par
des filles, dont l'une a efté mariée dans la maifon de Gouffier , les Seigneurs de Pons & ceux de Montbleru qui fub-
fiftent encore, & les Seigneurs de Sandricour & Dablai-
nuille dont il en refte auffi , tous divifez par branches differentes que le R. P. Anfelme Auguftin déchauffé a fait
imprimer dans fon Palais d'Honneur page 612. c'eft ce
qui m'oblige de les laiffer.

   2. Gilles a fait la branche de Rouvroy de faint Simon
qui fuit.   M iij

GILLES de ROUVROY,
IV. Degré.   *dit de faint Simon, Chevalier Seigneur*
du Pleiffis, Baillif de Senlis.

Flocques Epoufa Jeanne, fille & heritiere de Laurent Seigneur
de Flocques & de Foreftel, Marefchal hereditaire de Nor-
Haval. mandie, Baillif d'Evreux, & de Jeanne de Haval l'an
1395. Il en eut

1. Guillaume qui fuit.

2. Antoine Seigneur de Rumefnil commança une
branche qui fubfifte encore & que le même Pere Anfelme a auffi décritte.

Sains.   3. Jacqueline époufe de Valerian de Sains, Seigneur
de Marigny.

Prefte- 4. Marguerite mariée l'an 1446. avec Guillaume de
val. Prefteval.

GILLES ou GUILLAUME de S. SIMON,
V. Degré.   *Seigneur de Raffe, & Gouverneur d'Orchies.*

Il contracta mariage avec Marie de la Vacquerie, fille
Vacque- de Jean de la Vacquerie, premier Prefident au Parlement
rie. de Paris, & de Marie Fremault. Il fe fignala à la bataille
Fre- de Patay en Beauffe, à la prife de Meaux & aux fieges
mault. de Honfleur & de Pontoife, fuivant le rapport de Monftrelet. Il eut

1. Mery de faint Simon Seigneur de Precy qui n'eut
qu'une fille.

2. Louys a continué.

LOUYS de S. SIMON,
VI. Degré.   *Seigneur du Pleiffis & de Raffe,*
Baillif de Senlis.

Mailly.   Epoufa Antoinette de Mailly, fille de Robert de Mail-

ly , Seigneur de Rumefnil & de Françoife de Haucourt. *Hau-*
Il en eut, *court.*

1. François qui fuit.
2. Louys Seigneur de Cambronne laiffa des enfans.
3. Anne Epoufe en premieres nopces de Pierre de *Perdriel*
Perdriel Seigneur de Boligny, en fecondes de Nicolas de *Popillon.*
Popillon Seigneur d'Anfac, en troifiémes de Louys de la *la Fon-*
Fontaine Seigneur de Lefches , & en quatriémes de Char- *taine.*
les de Nollent Seigneur de faint Contez. *Nollent.*

FRANCOIS *de* S. SIMON,
VII. Degré. *Seigneur de Raffe & du Pleiffis.*

Eut pour époufe Suzanne de Popillon, fille de Nicolas *Popillon.*
de Popillon Seigneur d'Anzac prés de Clermont , & de *Fra-*
Claudine Fraquier, & vivoit l'an 1563. Il fut pere de *quier.*
1. Louys dont il fera parlé.
2. Eftienne *Seigneur de faint Leger laiffa pofterité.*
3. Françoife Epoufe de Robert de Collan Seigneur *Collan.*
de Rollecourt , puis de Charles de Grambois , Seigneur *Grābois.*
d'Yvrans , & finalement de Jean de Sucres Seigneur de *Sucres.*
Belins & d'Artois,
Et quelques autres enfans.

LOUIS *de* S. SIMON, *III.*
VIII. Degré. *du Nom Seigneur du Pleiffis & de Raffe*
Gouverneur de la Ville de Senlis.

Fit alliance par mariage avec Denife de la Fontayne, *la Fon-*
fille de Louys de la Fontaine Seigneur d'Orgereux & de *taine.*
Leches , & de Jeanne de Canjon. Il en eut, *Canjon.*
1. Charles de faint Simon Seigneur du Pleiffis & de
Raffe , Chevalier de l'Ordre du faint Efprit , Meftre de
Camp du Regiment de Navarre, Marquis de faint Simon
& Gouverneur de Senlis, Epoufa le 14. de Septembre

Cruſſol. 1634. Louyſe de Cruſſol veuve du Marquis de Portes, fille d'Emanuël de Cruſſol Duc d'Uſets, & de Claudine *Ebrard.* Ebrard ; ſans enfans.

2. Claude a continué.

3. Louys Chevalier de ſaint Jean de Jeruſalem.

Fay. 4. Ieanne épouſe de Louys de Fay Vicomte de Creſſonſac.

Chaſte-let. 5. Louyſe mariée à Laurent du Chaſtelet Seigneur de Frenieu.

CLAUDE *de* S. SIMON, *Premier Eſcuyer de la petite Eſcuyerie du Roy & premier Gentilhomme de ſa Chambre, Grand Fauconnier & Grand Louvetier de France, Chevalier de l'Ordre du ſaint Eſprit, Gouverneur de S. Germain en Laye, puis du Chaſteau, Ville & Comté de Blaye, Duc de ſaint Simon, Pair de France.*

IX. Degré.

Fut l'un des plus aſſurez favoris du Roy Louys XIII. & cette faveur fut moins un effet de ſa bonne fortune que de ſes belles qualitez. Il épouſa en premieres nopces & le mois d'Octobre de l'année 1644. Diane - Henriette de *Budos.* Budos Marquiſe de Portes, fille unique & heritiere d'Antoine Hercules de Budos Marquis de Portes, Chevalier des Ordres du Roy, Vice-Admiral de France : Et en ſe-*Laubeſpine.* cond lieu le 2. de Novembre 1670. Charlotte de Laubeſpine, fille de François Marquis de Ruffet & de Hauterive. Il a eu du premier lict,

Coſſé. Gabrielle-Louyſe de ſaint Simon, Marquiſe de Portes mariée avec Henry-Albert de Coſſé, Duc de Briſſac, Pair de France.

Il y a un fils du ſecond lict.

AVTRE BRANCHE DE ROUVROY.

III. *Degré.* GUILLAUME *de* ROUVROY, *dit le Gallois, Chevalier Seigneur de Granville.*

Fils puifnay de Jean de Rouvroy Seigneur de Granville & de Marguerite de faint Simon. Ce furnom de Gallois ou Gaulois luy fut donné en Efpagne où il eftoit paffé comme volontaire & où il fe trouva en divers combats contre les Maures. A fon retour en France il commanda en Chef une Compagnie de gens à cheval, avec laquelle il fe fignala en Flandres & ne fut pas inutile contre les Anglois. Le nom de fa femme m'eft inconnu. Il vivoit en 1380. & eut pour fils.

IV. *Degré.* NICOLAS *de* ROUVROY, *Chevalier, Seigneur de Granville.*

Colaffe de Soyecourt fut fa femme, elle eftoit d'une famille de Picardie qui porte pour Armoiries fretté de Gueules. Il parut avantageufement à la journée de Patay en 1429. où les Anglois furent défaits par la Pucelle d'Orleans, & il eftoit encore vivant l'an 1464. Il mourut âgé de prés de cent ans. Il eut pour fils.

Soye-court.

V. *Degré.* ROBERT *de* ROUVROY, *Chevalier, Seigneur de Granville.*

Qui naquit l'an 1449. Il fit alliance par mariage avec

N

Jacqueline d'Oüarmaife qui eftoit morte l'an 1502. comme il fe juftifie par un partage fait le 11. de Juin de la même année par fes heritiers. Elle eftoit de Bruges en Flandres, & fes peres y avoient tenu un rang confiderable. Il
fit cette alliance pendant la guerre que le Roy porta en
Flandres, où ce Robert avoit accompagné Nicolas fon pere,
& dans laquelle il avoit porté un Guidon. Il fut pere de

1. Antoine qui a continué.

2. Breton. Quelques memoires m'ont appris qu'il fut
grand Hofpitalier de Malte de l'Ordre de faint Jean de
Jerufalem. Il commandoit dans le Chafteau de Fontaine l'an 1526. 1527. & 1533.

VI. Degré.   ANTOINE *de* ROUVROY.

Il vivoit l'an 1538. & par quelques contracts de ce
temps-là il m'a apparu qu'il avoit pour femme Claudine
Halen-court. d'Halencourt d'une tres-ancienne famille dont les Armoiries font d'Argent à une bande de Sable cottoyée de deux
cottices de même. Il fe trouva avec François fon fils à la
bataille de Cerifoles l'an 1543. où le Duc d'Anguien défit le Marquis de Gua, ils parurent à l'avantgarde commandée par le Chevalier de Boutieres & combattirent
fous la Cornette blanche portée par Rubempré.

VII. Deré.   FRANCOIS *de* ROUVORY.

Par des actes du 15. de Juin 1538. le 3. d'Octobre
1542. le 6. de May 1555. & le 6. d'Aouft 1556. fon exi-
ftance eft prouvée, & par les memoires de la Maifon il
fe juftifie qu'il fut à la bataille de Cerifoles & en celle de
Renty. Il vivoit encore en 1577. & quelques contracts
le qualifient Capitaine de gens de pied pour le fervice du
Anglos. Roy. Marie d'Anglos fut fa femme. Il en eut.

VIII. Degré. **JEAN** *de* **ROUVROY**, *II. du Nom.*

Qui contracta mariage le 13. d'Aouft 1572. avec Jean- *Harlay.*
ne de Harlay. Il eut auffi de l'employ dans les Armées du Roy, & il fit connoiftre fa valeur dans les
journées de Dreux, de faint Denis, de Jarnac & de Montcontour, où il commandoit une Compagnie de gens à
cheval. Il avoit efté Lieutenant de gens d'Armes du Seigneur de Biron aprés avoir efté Guidon d'une Compagnie de gens d'Armes de Dampierre. Il eut pour enfans

1. Frederic qui fuit.
2. Jean.
3. Antoine.

FREDERIC *de* ROUVROY,
IX Degré. *Chevalier, Seigneur du Puy.*

Epoufa le 2. d'Avril 1607. Anne de Broüilly, fille d'An- *Broüilly.*
toine de Broüilly Seigneur de Silly, & d'Efter de la Fayet- *laFayet-*
te, & aprés avoir fouvent donné des marques de fon cou- *te.*
rage en faveur du Roy Henry le Grand, en qualité de Meftre de Camp d'un Regiment de Cavalerie, en diverfes
occafions, & fouftenu par tout une grande reputation,
il mourut en laiffant pour enfans,

1. Pierre dont il fera parlé.
2. Philippes.

PIERRE *de* ROUVROY,
Chevalier, Seigneur du Puy, Gen-
tilhomme Ordinaire de la Chambre
X. Degré. *du Roy, Capitaine d'une Compa-*
gnie au Regiment des Gardes Fran-
çoifes, Marefchal de Camp aux
Armées de Sa Majefté.

Il Epoufa le 14. de Fevrier 1643. Marie-Urfule de

Gontery. Gontery, fille d'Aymon de Gontery, Comte de saint Alban, General des Poftes de Savoye, & de Lucrece *Armelly* d'Armelly, & fœur du Marquis de Gontery Lieutenant General des Armées du Roy, & General des Poftes de Savoye. Il eut fa commiffion de Capitaine aux Gardes l'an 1645.& fon Brevet de Marefchal de Camp en 1652.& lors qu'il a falu combattre pour le fervice du Roy il n'a jamais épargné fon bien & fon fang. Il a eu pour enfans,

    1. Jacques tué au fiege de Befançon, Aide de Camp du Marefchal Ducde la Feüillade.

    2. Pierre Abbé de Cheage à Meaux.

    3. Jean Chevalier de Malthe, Lieutenant d'un des vaiffeaux du Roy.

    4. Philippes.

la Croix de Che-vrieres.   5. Ieanne femme de Pierre-Felix de la Croix de Chevrieres, Chevalier, Comte de faint Vallier, Capitaine des Gardes de la Porte du Roy. Et plufieurs Religieufes.

ERRATA.

PAge 26. ligne 1. ean, *lifez* Iean, pag. 29. ligne 1. Louys Portier, *lifez* Louys de Portier. *idem* ligne 7. mantenuë, *lifez* maintenuë, pag. 36. lig. 5. prefcriptions, *lifez* profcriptions, pag. 41. lig. 5. arbanez, *lifez* albanois, pag. 42. lig. 15. le yeux, *lifez* les yeux, *idem* lig. derniere, Guerre, *lifez* de Guerre, pag. 62. ligne 11. dergez, *lifez* degrez.

LATTIER.

D'Azur à trois Frettes d'Argent au chef de même.

O

ALLIANCES.

ALLEMAN.

ARMUET.

ARVILLARS.

ARZAC.

BAILE-PELLAFOL.

BAILE de la TOUR.

BERTRAND.

BOHIER.

BROTTIN.

BUATIER.

CARLES.

CIVA.

du CLAUX.

CLERMONT-CHASTE.

CREMIEU.

FALCOZ.

FASSION.

FAY.

FILLOL.

GALLE.

GAUTERON.

GOLAT.

GUILLERME.

LAIGUE.

LEMPS.

MARCEL.

MARSANE.

dès MASSUES.

MAYNE.

MONTAIGU.

MORETON.

MOTET.

MURINAIS.

PAPE.

du PLASTRE.

du PONT.

du PUY.

RIVAIL.

ROCHEPIERRE.

SAINT GEORGE.

SALIGNON.

SALLIANS.

SASSENAGE.

THEYS.

TOURRETTE.

VEILHEU.

VESC.

VILETTE.

VINCENT.

URRE.

YSERAN.

ARBRE GENEALOGIQUE.

PREMIERE BRANCHE,

QUI EST CELLE,

DE MANTONNE.

Jacques 1290.

Iean 1320.

Iacquemet. Antoine. 1350.

Bertrand. 1370. Hugues.

François. 1400. Guigonne.

Hugues. 1415.

George 1455. Guigues.
Ieanne de Faffion

Claude. 1464.   Bertrand. Iean François. Hugues. Pierre. Iean.   Claudine.
Marie d'Arvilars. Antoine. Eccl.   Guigonne a fait   Benoit de
                                                    Buatier. branche. Cremieu.

George II,   Claudine   Marthe,   Lionette.   Agnes,   Isabeau.
Ieanne.   Religieuse Philippes.   Baltesard. Pierre. Ioffrey.
Armuet.   des Maffuës.   Baile.   Ciya,   Carles.

François,   Marguerite.   Madelaine,
fans   Pierre de   Michel.
enfans,   Laigue.   Falcoz.

DEUXIEME BRANCHE,

QUI EST CELLE

DE CHARPEY.

Iean 1482.
Antoinette de Veilheu.

Pierre 1518.	Louys.	Charles.	François.	Louyse.	Claire.	Ieanne.
Caterine de la	a fait		Chevalier	Amedée	Iean	
Tourrette.	branche		de S. Iean.	Fillol.	du Plaftre.	

Claude I. 1550.	Marguerite.	Louyse.
Honnorade.	Claude Baile.	Guigues de Golat.
d'Vrre.		

Claude II. 1600.	Pierre.	Anne.
Françoife Bertrand.	a fait	Laurent de Galle.
	branche.	Hercules de Gauteron.

Anne.	Louyse.
Charles de	Alphonfe.
Clermont-de-Chafte.	de Saffenage.

TROISIEME BRANCHE,

QUI EST CELLE

DE SAINT VINCENT.

Pierre.
.....de Montaigu
Fourmigiere.

Louys.
Marguerite de Vincent.

Charles.

QUATRIEME BRANCHE.

QUI EST CELLE

DE BAYANE.

Louys 1535.
Alix de Brottin.

Iacques.	Charles 1577.	George	Pierre	Iean.	Iean-Denys.	Marguerite.
Françoise	Louyse de	Chevalier	Chevalier		Françoise	Gaspard.
Yseran	Moreton	de S. Iean.	de S. Iean.		de Murinais.	de Saillans.

Antoine 1620.	André.	Iean	Gaspard	Caterine	Gabrielle.	Marguerite.
André de		a fait	a fait			Religieuse.
Salignon.		branche.	branche.			

Charles-Antoine 1656.	Anne.
Eleonor du Maine.	Agatange.
	d'Yseran.

Antoine-Marie.	Eleonor	Anne
	Religieuse.	Religieuse.

CINQUIEME BRANCHE;

QUI EST CELLE

DE SOUSPIERRE.

Iean 1619.
Marguerite d'Urre.

Pierre.	Charles	Adrian.	Marie.	Marguerite
Isabeau	Chevalier	......	Louys de	François du Puy
de Blain.	de S. Iean.	de Vesc.	Mariane.	de Rochefort.
		......		
		Arlac.		

SIXIEME BRANCHI

QUI EST CELLE

DE BURLET.

Gaspard.
Isabeau de Vilette.

| Charles-Antoine 1663. | Antoine | Françoise-Louyse, |
| Anne du Claux. | Religieux. | Religieuse. |

HISTOIRE
ET
PREUVES.

IL eſt difficille de penetrer avec des connoiſſances aſſurées dans l'obſcurité des premiers temps ; & les ſiecles paſſez ne nous ont pas laiſſé des monuments aſſez certains, pour eſtablir la verité des premiers degrez d'une Genealogie, lors qu'on veut les pouſſer juſques-là. Il ſeroit à ſouhaiter pour la gloire & pour la ſatisfaction des anciennes familles que les déſordres de la nature euſſent épargné les titres de leur ancienneté. On y verroit ſans doute des marques de la conſideration où elles ont eſté, des honneurs avec leſquels elles ont paruës, quels ont eſté les Hommes Illuſtres qu'elles ont produits ; & rien n'auroit échapé à la poſterité la plus éloignée, de tout ce qui pourroit contribuer à ſa reputation & à ſon éclat. Mais tant de bonheur n'accompagne pas toûjours les plus illuſtres Maiſons, puiſque ſouvent elles ont le regret de voir enſevelis, ou par la rigueur des années ou par la cruauté du feu, les plus anciennes marques de leur Nobleſſe. C'eſt dans cét eſtat que je trouve la famille de Lattier. Elle eſt aſſurement d'un temps immemoré, mais ce temps nous eſt inconnu & à peine pouvons nous luy trouver des preuves de quatre ſiecles, pour

s'eftre égarées ou perduës par l'injure de tant d'années.
Son origine nous eft donc inconnuë. Son fejour a efté
premierement à Grenoble, puis à Vourey à quatre lieuës
de cette Ville, & enfin s'eftant divifée en plufieurs ra-
meaux, elle a paffé dans le Valentinois où elle eft encore.
Tant de Chevaliers de l'Ordre de faint Jean de Hieru-
falem & du Temple, qu'elle a eus dépuis qu'elle nous
eft connuë fôt encore une marque de fa veritable ancienne Nobleffe, & les alliances qu'elle a faites avec plufieurs
des plus Illuftres Familles de Dauphiné font des preuves convainquantes de la confideration où elle a toûjours efté.

I. *Degré.*   JACQUES de LATTIER.

Son exiftence eft prouvée avec celles de fon fils & de
fon petit fils, en un acte dont je feray mention au troifiéme degré, par lequel il eft à préfumer qu'il vivoit environ
l'an 1290.

II. *Degré.*   JEAN de LATTIER,

Fut fon fils, comme dit le même acte, & apparemment il vivoit l'an 1320. Il eut pour enfans
    1. Jacquemet qui paffa une reconnoiffance en faveur
du Monaftere de Montfleury auprez de Grenoble le 15.
d'Avril 1350. dans laquelle il eft dit qu'il reconnoiffoit
des fonds qui déja avoient efté reconnus en faveur des
Dauphins par Jean fon pere & par Jacques fon ayeul.
Ce Monaftere avoit efté fondé trois années auparavant
par Humbert Dauphin II. du nom, & ce Prince parmy
les dons qu'il luy avoit fait, l'avoit gratifié des rentes que
ce Jacquemet reconnoiffoit alors.
    2. Antoine a continué.

III. *Degré* ANTOINE *de* LATTIER

Paroiſſoit environ l'an 1350. comme il ſe tire d'une procedure dont je parleray. Il eut pour enfans

1. Hugues dont il y a quelques reconnoiſſances paſ-ſées en faveur de la Commanderie de ſaint Jean de Vou-rey l'an 1370. Il fut Chevalier du Temple.
2. Bertrand aura ſon chapitre.

IV. *Degré.* BERTRAND *de* LATTIER.

La même procedure fait mention de luy & de ſon fils Il fut pere de

1. François qui ſuit.
2. Guigonne.

V. *Degré.* FRANÇOIS *de* LATTIER

La procedure dont j'ay parlé fut faite l'an 1530. par Lauréc Rabot Conſeiller au Parlement de Grenoble, à la requeſte de Pierre & Louys de Lattier freres fils de Jean, qui avoient demandé à la Cour un Commiſſaire pour la re-cherche des biés qui avoient appartenus à leurs predeceſ-ſeurs & particulierement à ce François, à Bertrand ſon pere, & à Antoine ſon ayeul. Ce François vivoit l'an 1380. & eut pour enfans.

1. Hugues dont je parleray.
2. Antoine eut pour fils Aymar de Lattier.

VI. *Degré.* HUGUES *de* LATTIER,

Guigonne de Lattier ſa tante, fit une donnation aux FF. Preſcheurs de Grenoble le premier d'Avril 1417. où elle ſe dit ſœur de François: C'eſtoit de quelques rentes qu'elle avoit à Tullin , & qui luy avoient esté assignées pour ses pretentions des biens de sa maison , par Hugues son neveu qui compose ce degré , & par Aymar fils d'Antoine de Lattier aussi son neveu, coheritiers de François leur pere. Hugues le fut de

1. George qui fera la matiere du septiéme degré.

2. Guigues est compris parmy les Nobles de Vourey dans une revision de feux de l'année 1447.

VII. *Degré* GEORGE *de* LATTIER
Capitaine de 50. *Lances.*

Ainsi qualifié en plusieurs preuves faites en faveur de quelques Chevaliers de Malthe de cette famille. Il est compris parmy les Nobles du mandement de Tullin dans des revisions de feux dés années 1431. 1450. & 1455. Il fit un hommage Noble au Dauphin Louys le 8. de May 1446. pour une maison forte qu'il avoit à Vourey. *Faßion.* Jeanne de Faßion , fille de noble Gillet de Faßion , & de *Guiller-* Bonnefille Guillerme fut sa femme. Il fit son testament *me.* l'an 1468. Et eut pour enfans

1. Claude qui suit.

2. Bertrand mourut à Bayonne estant Capitaine.

3. Pierre Conseiller au Parlement de Grenoble , qui eut pour femme Guigonne Buatier, qu'il institua son heritiere par son testament du 22. d'Octobre 1516. duquel *Buatier.* il fait executeurs nobles Aynard Fleard Auditeur des Côptes, & Joffrey Buatier son beau-frere. Il eut trois filles sçavoir Lionnette Lattier mariée à noble Baltesard de Baile Seigneur de Pellafol, Agnes de Lattier, femme de noble *Baile.* Pierre Civa , & Isabeau de Lattier qui eut pour ma- *Civa* ry Noble Joffrey Carles, Auditeur des Comptes de Dau- *Carles.* phiné.

4. Iean a fait branche.

5. Jean II. Chanoine à saint André de Grenoble.

6. Antoine fut Moine à ƒaint Robert auprez de la même Ville.

7. François **Chevalier** de l'Ordre de ƒaint Jean de Hyeruƒalem.

8. Hugues Religieux de l'Ordre de ƒaint Antoine Abbé de Florencerolles.

9. Claudine femme de noble Benoit de Cremieu. *Cremieu*

> ### CLAUDE *de* LATTIER,
> *VIII. Degré.*   *Conƒeiller du Roy & ƒon Advocat* *General au Parlement de Dau-* *phiné.*

Il fut premierement Juge Majeur des appellations & des nullitez de tout le Dauphiné , & il eƒt ainƒi qualifié dans ƒon contract de mariage du 13. de Septembre 1464. avec Marie d'Arvillars, fille de noble & Puiƒƒaint-Hom- me Aymard d'Arvillars , Seigneur de la Baƒtie ƒur Alle- *Avilars.* vard. Il fut enƒuite Advocat General au Parlement de Grenoble , comme il ƒe voit dans le Statut Delphinal fol. 87. Il teƒta le 14. de Septembre 1493. & laiƒƒa

1. George qui ƒuit.
2. Claudine Religieuƒe à Montfleury.
3. Marthe femme de Noble Philippes des Maƒƒues *des Maƒ-* *ƒues.*

> ### GEORGE *de* LATTIER *II.*
> *IX. Degré.*   *du Nom, Seigneur de Mantonne, Capi-* *taine de* 50. *Lances.*

Fut aux guerres d'Italie , & extrémement chery du Gentil Montciƒon qui le nomma l'un des executeurs de *Armuet.* ƒon codicille du 19. de Mars 1511. Jeanne Armuet de Bonrepos fut ƒa femme. Elle eƒtoit fille Noble Artaud Ar- *Alleman* muet , & veuve de Noble Albert Alleman. Il en eut.

1. François Commandeur de l'Ordre de ƒaint Jean de

Hyerufalem, mourut à la bataille de Pavie eſtant dans les trouppes du Duc de Montmorancy.

Laigue. 2. Marguerite eut pour mary Noble Pierre de Laigue ſieur du Cros.

Falcoz. 3. Madelaine épouſa Noble Michel Falcoz.

LATTIER CHARPEY.
II. BRANCHE.

VIII. Degré

JEAN *de* LATTIER, *Seigneur de Charpey Capitaine de 50 Lances des Ordonnances du Roy, Gouverneur de la Comté de Roſſillon de Perpignan & de Sardaigne.*

Fils de George premier & de Ieanne de Faſſion. Dans ſon contract de mariage du 10. de Novembre 1482.

Veilheu. paſſé avec Antoinette de Veilheu, fille de noble Claude de Veilheu du lieu de Clerieu, la qualité de Conſeiller & Capitaine du Roy luy eſt donnée, & dans ſon teſtament du 16. de Mars 1518. il prend celle de noble & puiſſant-homme & Seigneur de Charpey. Il fût Gouverneur de la Ville & du Chaſteau de Perpignan & de la Comté de Roſſillon & de Sardaigne, Capitaine de 50. Lances ſous le Roy Louys XI. par commiſſion donnée à Arras le 4. Septembre 1477. Capitaine de 30. Lances fournies à la mode Italienne par le Roy Charles VIII. le 16. Fevrier 1483. Il a auſſi eu une charge de Maiſtre d'Hoſtel de la Maiſon du Roy & Contrôlleur de la Chambre aux deniers, par Brevet donné à Lyon le 21. May 1496. Par le teſtament de Claude ſon frere il eſt nommé Capitaine de Gens d'Armes. Il eut le Gouvernement de Perpignan en recompence de ce qu'à la priſe de cette place il fut le premier qui

monta fur la muraille, & y planta fon drapeau, eftant alors
Enfeigne du Comte de faint Paul Gouverneur de Dans
phiné; & quoyque par le traitté de paix il fut dit que la
France rendroit Perpignan dans trois mois, neantmoins
Lattier la garda 18. ne l'ayant point voulu rendre
qu'il n'eut veu une lettre expreffe du Roy cachettée d'un
anneau dont fa Majefté luy avoit laiffé le femblable :
Sa refiftance fut à caufe que le Roy en luy laiffant le
gouvernement de cette place, luy avoit ordonné de ne l'a
rendre qu'enfuite de fon Ordre exprez écrit de fa main
& cacheté de cét anneau. Des memoires de la Maifon
portent qu'il vêcut 110. ans; & parmy fes papiers on trouve des Lettres Patantes en forme de commiffion du Roy
Charles VIII. pour 30. Lances à la mode Italienne dans
lefquelles il eft fait mention de la garde des pays de Rof-
fillon & Sardaigne qui luy avoit efté donnée par Louys
XI. fon pere. Il tefta le 16. de Janvier 1518. Voicy les enfans qu'il laiffa,

1. Pierre qui fuit.
2. Louys a fait branche.
3. Charles fut tué au fervice du Roy.
4. François Chevalier de faint Jean fut tué pour l'Ordre dans un combat naval contre les Infidelles.
5. Louyfe femme de Noble Amedée Fillol.
6. Claire femme de noble Jean du Plaftre.
7. Jeanne.

Fillol.
du Plaf-
tre.

IX. Degré. **PIERRE** *de* **LATTIER**
Seigneur de Charpey.

Le 16. du mois de Mars de l'année 1518. il contracta
mariage avec Caterine de la Tourrette, fille de noble *Tourre-*
Gilet de la Tourrette, Seigneur de la Tourrette en Vi- *tte.*
varais, & fœur de noble Gabriel de la Tourrette; en prefence de Gafpard de Tournon Evefque de Valence & de

P iij

Dye, de nobles Clement Mulet, Jean Royer, Reynaud
de Fay Seigneur de Gerlandes & Jean de l'Espinasse de
Bologne. Il fut Capitaine de 50. Lances après son pere,
& mena sa compagnie dans la Lombardie pour le service du Roy. Le Pere Hilarion de Coste Minime en l'éloge des Dauphins de France, dit qu'il y avoit plus de 300.
Gentishommes de Dauphiné en la bataille de Marignan
contre les Suisses l'an 1515. que Pierre de Lattier ê-
toit du nombre, & qu'il se signala à la bataille de Pavie.
Il y receut un coup de Lance à l'œil qui le mit hors de
combat, & il fut trouvé parmy les morts : Il guerit pourtant & à vescu quelques années après. Il a laissé.

Baile.   1. Claude dont je feray mention.

    2. Marguerite femme de noble Hector Baile sieur de
Golat. la Tour de Conin.

    3. Louyse épouse de noble Guigues de Golat de Che-
vrieres.

CLAUDE de LATTIER

X. Degré.   *premier du Nom. Seigneur de Char-*
pey & de Vatillieu.

Urre.   Sa femme fut Honorade d'Urre, fille de noble Giraud
d'Urre Seigneur d'Ourche, qu'il épousa le 15. de Juin
1550. par contract de mariage où furent presens, Claude de Clermont Seigneur de Monteyson, François des
Massues Seigneur de Vercoyran, & Charles de Jony Seigneur de Pennes. Il eut pour enfans de ce mariage.

    1. Claude qui a continué.

    2. Pierre qui a fait branche.

Galle.   3. Anne a eu deux maris, le premier noble Laurent
Gauteroᵕ de Galle Seigneur du Metral, & le second Noble Hercules de Gauteron sieur d'Urrieres.

CLAUDE *de* LATTIER, II.

XI. Degré. *du Nom , Seigneur de Charpey, de Marches & de Vatillieu , Gentilhomme Ordinaire de la Chambre du Roy.*

Il a servy le Roy en qualité de Capitaine d'Infanterie & de Cavalerie, & en celle de Mestre de Camp. Le Roy Louys XIII. luy donna une pension de trois mille livres par un Brevet du 3. d'Avril 1613. pour le recompenser des services qu'il luy rendoit actuellement. Il fut marié par contract du premier de Janvier 1582. avec Françoise *Bertrand* Bertrand, fille de noble Imbert Bertrand Conseigneur de Vatillieu & de. . . . . Il a testé le 12. de Decembre 1605. & la Bertrand sa femme le 9. Novembre 1602. Il a eu.

1. Anne de Lattier Dame de Charpey, de Vatillieu &c. qui a épousé Charles de Clermont Seigneur de Chaste, *Clermõt.* de la Faye, de Vernoux &c. le dernier d'Octobre 1615.

2. Louyse mariée le 31. d'Aoust 1620. à Alphonse de Sassenage par dispense du Vicelegat d'Avignon. Elle a *Sassenage.* testé le 28. de Mars 1650. & elle est morte le 13. de Juillet suivant.

LATTIER SAINT VINCENT.
III. BRANCHE.

XI. Degré PIERRE *de* LATTIER, II. *du Nom.* Sieur de Saint Vincent.

Fils puisnay de Claude de Lattier premier du nom. Seigneur de Charpey & d'Honorade d'Urre, Il prit alliance dans la Maison de Montaigu la Fourmigiere en Au- *Montaigu.*

vergne fans que je fçache le nom de fa femme. Il en eut.

XII. Degré.　　　LOUYS *de* LATTIER,
Sieur de Saint Vincent.

Vincent.　　Qui de Marguerite de Vincent fa femme a laiffé
　　　1. Charles de Lattier mort jeune fans poſterité dans
le fervice du Roy eſtant Cornette de Cavalerie.

Roche-
pierre.　　2. Marie époufe de . . . . de Rochepierre en Vi-
varais.

LATTIER BAYANE.
IV. BRANCHE.

IX. Degré.　　　LOUYS *de* LATTIER,
Seigneur de Bayane.

Fils de Jean de Lattier & d'Antoinette Veilheu, tran-
figea avec Pierre de Lattier fon frere le 12. de Fevrier 1524.
où il eſt parlé de tous les enfans que Jean leur pere avoit
laiſſés, & que j'ay nommé precedément Le 8. de Novem-
Brottin. bre 1569. il époufa Alix de Brottin Dame de Soufpierre, de
laquelle il eut pluſieurs enfans nommez dans fon teſtament du xj. de Juillet 1569. fa femme teſta le 18. d'Aouſt
1573. Il fervit en pluſieurs rencontres de fon bien & de
fa perfonne le Roy François premier & Henry II. & eut
une Compagnie de gens à cheval. Il fe trouva en 1529.
en l'armée que commanda le Comte de faint Paul contre
le Duc de Brunfuic, & le fuivit en pluſieurs autres occafions. Il eut.
　　1. Jacques, Seigneur de Bayane, fut marié à Fran-
Yſeran. çoife d'Yſeran, fille de noble Philibert d'Yſeran Chevalier

Seigneur de Beauvoir, la Grange, le Mollard & Mont-
clard & de Françoise de Lemps, par contract du 25. de Fe- *Lemps.*
vrier 1582. & n'a point laissé d'enfans. Il a testé le 26.
de May 1584. Il est mort Capitaine d'Infanterie.

2. Charles a continué.

3. George Chevalier de saint Jean de Hyerusalem
mort à la bataille de Lepanthe estant Commandeur de
Valance.

4. Pierre Chevalier du même Ordre, Commandeur
du Poët Laval.

5. Jean mourut l'année que le Roy tenoit Livron as-
siegé voulant passer le Rône; il estoit Gendarme.

6. Jean-Denys, sieur de Mantonne Capitaine d'Infan- *Muri-*
terie, épousa par contract du xj. de Mars 1584. Françoise *nais.*
de Murinais, fille de noble François de Murinais & de *Motet.*
Françoise du Motet, & n'a pas laissé de posterité.
Sail-
lians.
7. Marguerite a eu pour mary noble Gaspard de Sallians, d'où noble Jean de Saillans.

X. Degré.   CHARLES *de* LATTIER,
     Seigneur d'Ourcinas & de Souspierre.

Il a porté les armes 24. ans pour le service du Roy, il
a esté en Piemont sous le Maréchal de Brissac, il a esté
Capitaine d'une Compagnie de gens de pied, par commission du 26. de May 1577. il a eu le commandement de
cent cinquante Hommes de gens de pied François, par
autre commission du 24. de Juin 1579. il a esté Capitaine
& Sergent Major au Regiment de Cavalerie de Livarrot
par commission du 19. de Septembre 1580. où estant il
eut Ordre du Roy Henry IV. de conduire cinq Compagnies du même Regiment en des occasions importantes:
Le Roy luy écrivit qu'il estoit tres-content des services
qu'il luy avoit rendus, & qu'il avoit une bonne & grande intention de le recompenser. Il a esté huict années

Q

Maréchal de Logis de la Compagnie des Gens d'Armes de Maugiron Lieutenant au Gouvernement de Dauphiné : & il a longtemps commandé la Compagnie d'Ordonnances du brave d'Ourches. Plusieurs lettres que Maugiron luy écrivit, marquent la confiance qu'il avoit en luy, & le Connestable de Lesdiguieres l'avoit en une singulieres estime. Il fit quelques temps treve à la guerre pour se donner à une femme qu'il épousa le 20. de Janvier 1582. Elle s'appelloit Louyse de Moreton, fille de *Moreton.* Noble Charles de Moreton Seigneur de Chabrillan, & *du Puy.* d'Agnes du Puy, de laquelle il eut les enfans qu'il nomme dans son testament du 23. de Iuillet 1600. sçavoir

1. Antoine qui fera la matiere du degré suivant.

2. André Chevalier de l'Ordre de saint Jean de Hyerusalem.

3. Jean a fait branche.

4. Gaspard l'a aussi fait.

5. Caterine.

6. Gabrielle.

7. Marguerite Religieuse au Monastere de saint André de Ramieres.

XI. Degré.   **ANTOINE** *de* **LATTIER**, *Seigneur d'Ourcinas & de Bayane, Capitaine d'une Compagnie de Gens de pied au Regiment de Charpey.*

Sa commission de Capitaine est du xj. de May 1610. Il eut en 1615. une Compagnie franche; & en 1636. il fut nommé Cornette d'une compagnie de deux cents chevaux Legers, que le Comte de Sault qui a esté en aprés Duc de Lesdiguieres avoit eu ordre de lever : mais cette commission n'eut point d'effet, & je n'en fais mention que pour faire voir la consideration où estoit Bayane : l'en ay veu les preuves dans une lettre de remerciment de

ce Comte fur ce qu'il avoit accepté cette charge; elle eft
du 19. d'Avril 1636. Il fe fignala en plufieurs occafions
& fingulierement contre les Huguenots. Il époufa le 20.
de Juin 1620. Andrée de Salignon, fille de Noble Tho-   Sali-
mas de Salignon fieur de la Buiffonniere habitant d'Or-   gnon.
nacieu, & de Marguerite de Theys, de laquelle il a laiffé   Theys.
pour enfans,

    1. Charles-Antoine qui fuit.

    2. Anne époufe de Noble Agatange d'Yferan.   Yferan.

CHARLES-ANTOINE *de* LATTIER,

XII. Degré.   *Chevalier Seigneur d'Ourcinas & de Bayane*
premier Capitaine, & Major du Regiment
de Cavalerie du Comte de Guiche.

Il s'eft allié par contract de mariage du 20. de Septembre 1656. avec Eleonor du Maine, fille de Noble &   Maine.
puiffant Seigneur Antoine du Maine, Comte du Bourg
& de l'Efpinaffe, Seigneur de Changy, de faint Bonnet
& autres places, Meftre de Camp aux Armées du Roy,
& de Marie de Bohyer de Choifi. Sortant de l'Acade-   Bohyer.
mie, il prit les armes pour le fervice du Roy, & fut Cornette, puis Lieutenant, & enfin Capitaine au Regiment
de Cavalerie de la Reyne Mere Anne d'Auftriche, par
commiffion du 2. de Juillet 1645. Il eut cette Lieutenan-
ce le 2. de Fevrier 1644. pour avoir paffé le Rhin, &
avoir efté au fameux fiege de Rotuil où le Marefchal de
Guebriant fut tué, & celuy de Rantzau fait prifonnier,
& il eut la charge de Capitaine à caufe de plufieurs belles actions qu'il fit la campagne fuivante. Il continua de
fervir dans le même Regiment jufques en 1653. qu'il paffa en celuy du Comte de Guiche par commiffion du 29.
d'Avril. Il y a efté premier Capitaine & Major, & y a
rendu tous les fervices qu'on a pû attendre d'un homme
de vertu, de cœur & de merite comme luy. Enfin s'eftant
marié il fe retira une année après c'eft-à-dire en 1657.

aprés la fin de la campagne de Valenciennes , & aprés
avoir receu des témoignages de la satisfaction où estoit
le Roy de sa conduite par une lettre que luy escrivit le
Cardinal Mazarin le 7. d'Avril 1656. Il a pour enfans.

1. Antoine-Marie commança d'estre Page de la grande Escuyerie du Roy l'an 1673. & l'a esté jusques en
1677. Il se fit remarquer par son courage lors de la prise de Condé, il fut nommé Ayde de Camp du Lieutenant General la Cardonniere, mais estant en route pour
le joindre dans l'armée d'Allemagne, il apprit qu'il estoit
passé en Flandres, & estant arrivé dans cette Armée
commandée par le Maréchal de Crequy, il y
trouva le Marquis de Maulevrier son cousin germain,
Mestre de Camp du Regiment de Cavalerie d'Anguien,
qui luy procura une Cornette dans ce même Regiment,
où il a servy jusques à la paix, avec une approbation ge-
neralle, s'estant trouvé en plusieurs occasions & particulierement en celle de Cocheber.

2. Eleonor Religieuse à Laval.

3. Anne de même.

LATTIER SOUSPIERRE.
V. BRANCHE.

XI. Degré   JEAN de LATTIER,
        II. Nom Seigneur de Souspierre,
        Capitaine d'Infanterie.

Fils de Charles de Lattier Seigneur d'Ourcinas & de
Souspierre, & de Louyse de Moreton. Son alliance a esté
avec Marguerite d'Urre, fille de Noble Louys d'Urre

Seigneur de la Touche, & de Caterine Rivail, par con- *Rivail.*
tract de mariage du 20. de Janvier 1619. de laquelle il a
eu.

1. Pierre dont je parleray.

2. Charles Chevalier de Malthe.

3. Adrian a épousé Claude-Augustin de Vesc de *Vesc.*
Beconne; puis Bertrand d'Arsac la Cardonniere. *Arsac.*

4. Anne mariée à Noble Louys de Marsane par con- *Marsa-*
tract du 12. de May 1652. *ne.*

5. Marguerite femme de Noble François du Puy, *du Puy.*
Seigneur de Rochefort.

XII. Degré. PIERRE *de* LATTIER,
Seigneur de saint Paulet, de la
Touche, & de Souspierre.

Il a contracté mariage le 15. de Fevrier 1654. avec *Blain-*
Isabeau de Blain-de-Marcel, fille de noble René Hector *Marcel.*
de Blain-de-Marcel Seigneur du Poët & de Jeanne d'Ur- *Vrres*
re.

❧❧❧❧❧❧❧❧❧❧❧❧❧❧❧❧

LATTIER BURLET.
VI. BRANCHE.

XI. Degré. GASPARD *de* LATTIER,
Sieur de Burlet, Capitaine d'Infan-
terie.

A servy plusieurs années, & particulierement contre
les Protestants. Il estoit fils de Charles de Lattier, Seigneur
d'Ourcinas de Souspierre, & de Louyse de Moreton. Il
s'est allié avec Isabeau de Villette, fille de Noble Estienne *Villette.*

de Pont. de Villette , & d'Isabeau du Pont. Il a testé le 12. de Janvier 1665. & a laissé

  1. Charles-Antoine qui suit.
  2. Antoine Religieux de l'Ordre de saint Antoine.
  3. Françoise-Louyse Religieux de l'Ordre de Cisteaux à Valence.

CHARLES-ANTOINE de LATTIER,
XII. Degré.   *Sieur de Burlet , Capitaine de Cavalerie.*

Est un des meilleurs & plus assidus Officiers que le Roy ait dans ses Armées. Il commança de servir avant la grande paix de 1661. n'ayant que 14. ans. Il a esté Lieutenant de la Mestre de Camp au Regiment du Comte de Guiche, s'est signalé à la bataille de Dunquerque, où il prit le Comte de Melle , Lieutenant General de l'Armée ennemie, qui mourut de ses blessures dans sa tente. Il se fit connoistre à la bataille de Sincseing dans le Regiment de Montferrier où il estoit Capitaine, & ce fut fort proche de luy que son Mestre de Camp fut blessé a mort. Le Maréchal de Turenne l'a toûjours estimé à cause de sa valleur. Il a épousé le 13. de Juin 1665. Anne du Claux, fille *du* de Noble. . . . . . . du Claux Seigneur de l'Estoille & *Claux* *saint* de Marguerite de saint George. *George.*

www.ingramcontent.com/pod-product-compliance
Lightning Source LLC
Chambersburg PA
CBHW071229290326
41931CB00037B/2485